HENRI TROYAT
de l'Académie française

NICOLAS Ier

PERRIN

ISBN : 2-266-11386-0

CHAPITRE PREMIER

LES VERTES ANNÉES

D'habitude, l'impératrice Catherine la Grande assiste de bout en bout aux accouchements de sa bru, la prolifique grande-duchesse Marie Fedorovna. Par huit fois déjà, elle a accueilli un de ces nouveau-nés vagissants qui perpétuent la race des Romanov. Pour le neuvième, elle arrive trop tard. À trois heures quarante-cinq minutes du matin, ce 25 juin 1796 [1], le travail est terminé. Dans son berceau de dentelle, le dernier rejeton de la lignée braille avec une vigueur réconfortante. Un prêtre le bénit. Il a été décidé qu'il s'appellerait Nicolas, prénom qu'aucun tsar n'a porté avant lui. Du reste, il n'a pas la moindre chance de monter un jour sur le trône. Dans l'ordre de la succession, il est précédé par ses frères Alexandre, de dix-neuf ans son aîné, et Constantin, plus âgé que lui de dix-sept ans. Catherine, qui exècre son fils

1. D'après le calendrier julien en usage en Russie et qui retarde de douze jours, au XIXe siècle, sur le calendrier grégorien en usage ailleurs.

Paul, le grand-duc héritier, a une adoration pour ses petits-enfants. Mauvaise mère, elle est une grand-mère ivre de tendresse. Devant Nicolas, qui gigote dans ses langes, elle retient des larmes de bonheur. Après avoir félicité l'accouchée, qui a trente-sept ans et une mine florissante, elle se précipite dans son cabinet de travail et écrit en français à son vieux confident, le baron de Grimm : « Monsieur le souffre-douleur [1] est averti que maman est accouchée ce matin, à trois heures, d'un énorme garçon, auquel on a conféré le nom de Nicolas. Il a une voix de basse avec laquelle il crie d'une manière étonnante ; il est de la longueur d'une archine moins deux verchoks [2] et ses mains sont presque aussi grandes que les miennes. De ma vie, je n'ai vu un chevalier pareil. S'il continue comme il débute, ses frères seront des nains à côté de ce colosse. »

Moins de deux semaines plus tard, elle renchérit dans l'admiration : « Le chevalier Nicolas depuis trois jours mange déjà de la bouillie, parce qu'il veut manger à tout moment ; je pense que jamais enfant de huit jours n'a fait pareil repas ; c'est inouï. Les bras en tombent à toutes les bonnes ; si cela continue, je pense qu'on le sèvrera à six semaines. Il toise tout le monde et remue la tête comme moi. »

Cependant, la satisfaction de Catherine II se

1. Surnom donné à Grimm par l'impératrice dans ses lettres.
2. Mesures de longueur russes. L'archine valait 0,711 mètre, le verchok 0,0444 mètre.

nuance d'amertume. Nicolas surgit si tard dans sa vie qu'elle craint de ne pouvoir le former à sa guise comme elle l'a fait pour Alexandre et Constantin. Ces deux-là, elle les a soustraits de force à l'influence néfaste de leurs parents et les a élevés selon des principes inspirés par l'œuvre de Jean-Jacques Rousseau. Leur éducateur, choisi par elle, a été le libéral La Harpe. Le vœu le plus cher de l'impératrice est qu'après sa mort le trône passe non à son fils Paul, ce demi-fou qui rêve de plier la Russie à la discipline prussienne, mais à l'aîné de ses petits-fils, Alexandre, si beau, si généreux et si tolérant. À soixante-sept ans, elle se sent à bout de souffle, à bout d'énergie. Hantée par l'idée de sa fin prochaine, l'impératrice prépare un manifeste pour écarter Paul de la succession au profit d'Alexandre, mais décide de ne proclamer son intention que le 24 novembre 1796, jour de sa fête patronymique.

La mort surprend Catherine II le 5 novembre de cette année sans qu'elle ait eu le temps de mettre son projet à exécution. Alexandre, qui est au courant du document, n'a pas le courage de s'en prévaloir et s'incline devant son père. Après avoir longtemps rongé son frein et maudit sa mère, Paul accède enfin à la dignité impériale. Dès les premiers mois de son règne, il se montre despotique, borné et extravagant. La Cour tremble devant ce petit homme maigre, au nez écrasé, à la lippe épaisse, avec des éclairs de démence dans les yeux. Du jour au lendemain, les ordres les plus saugrenus s'abattent sur la nation. Interdiction de porter des chapeaux ronds, des habits à la française, des bottes à revers. Obligation de revêtir un uniforme de coupe prussienne pour tous les fonctionnaires. Défense de danser la valse dans les réunions privées. Couvre-feu à neuf heures du soir. Dégradations en chaîne des généraux les plus illustres. Menace constante d'expédier en Sibérie les soldats qui ne défileraient pas de façon irréprochable à la parade.

De mois en mois, la haine grandit autour de ce tyranneau grotesque. Seule sa femme, Marie Fedorovna, lui voue une admiration et une sollicitude sans réserve. Allemande d'origine, elle est de haute stature, avec des traits réguliers et un sourire angélique. Dans son entourage, on loue son sens du devoir, son respect des traditions, sa pudeur et sa charité. Toujours éclairée par le souci de soulager la misère d'autrui, elle a fondé nombre d'institutions d'éducation et de bienfaisance. Mais, avec ces dispositions vertueuses, elle a des idées courtes et une absence totale d'instinct politique. Sous son influence, le palais de Gatchina, où réside la famille impériale, est soumis à un ordre sévère. On y professe l'horreur de la débauche, du luxe et des théories libérales françaises. Plus de six cents pièces, trois salles du trône, des couloirs interminables, un théâtre, un manège... cet immense édifice, lugubre et glacial, résonne du matin au soir du claquement des bottes et du roulement des tambours. Paul Ier fait manœuvrer dans le parc, enseveli sous la neige, la « petite armée de

Gatchina », destinée, selon lui, à servir de modèle à toute l'armée russe.

De la fenêtre de sa chambre d'enfant, Nicolas regarde défiler devant son père ces centaines d'hommes en uniforme, aux visages gelés et aux mouvements d'automates. Quand il retourne à ses soldats de plomb, sur la table, il a l'impression de continuer le jeu des grandes personnes. Ainsi, dès son plus jeune âge, ne conçoit-il pas la vie en dehors de la discipline militaire. L'été, on se transporte à Pavlovsk, dont le parc, planté de bouleaux et de saules pleureurs, agrémenté d'étangs paisibles, de cascades artificielles, de fausses ruines et de pavillons rococo, est un endroit rêvé pour les randonnées enfantines. En se promenant dans une nature aussi aimable, où le moindre brin d'herbe est surveillé par un jardinier, Nicolas peut se dire que le reste de la Russie est à l'image de ce lieu enchanteur. Autour de lui, pour guider ses premiers pas dans la vie, s'agitent trois femmes, toutes trois étrangères et parlant mal le russe. Ainsi en ont décidé l'impératrice Marie Fedorovna, qui ne veut pas oublier ses origines germaniques, et Paul Ier, qui ne jure que par l'Allemagne. Miss Lyon, la nurse écossaise, affirme un caractère rude, droit, impulsif et se montre attachée à l'enfant jusqu'au fanatisme. La gouvernante, Julie Adlerberg, née Baggehufwud, veuve d'un colonel, a un rôle effacé dans l'éducation du grand-duc. Enfin la grande gouvernante, Mme de Lieven, née Gaugreben, fille d'un noble westphalien passé au service de la Russie, est une créature simple, énergique et dénuée de tout esprit d'intrigue. Avec la meilleure volonté du monde, elle est incapable d'enseigner à son élève l'usage correct de la langue russe. Même les mots français et allemands, en passant par sa bouche, prennent de fortes sonorités baltes.

Absorbé par les parades militaires et les conférences ministérielles, Paul Ier n'a guère le temps de s'occuper de sa nombreuse famille. La tsarine, de son côté, a tant à faire avec ses œuvres de charité et ses réceptions qu'elle en oublie parfois ses devoirs de mère. Elle vient cependant de mettre au monde un quatrième fils, Michel, de deux ans plus jeune que Nicolas. Dix enfants en tout seront donc nés de son ventre [1]. Elle estime avoir bien rempli son rôle de femme envers son époux et la Russie. Bridée par une éducation austère, elle se méfie des manifestations de tendresse et se contente de recevoir sa progéniture « en audience » un quart d'heure ou une demi-heure par jour. Nicolas et Michel redoutent, dans leur premier âge, le face-à-face avec cette créature froide, compassée, dont tout le monde vante la bonté mais qui leur refuse la moindre caresse. En revanche, ils aiment bien se rendre dans la chambre de leur père pendant

1. Ces dix enfants sont : Alexandre (1777-1825), Constantin (1779-1831), Alexandra (1783-1801), Hélène (1784-1803), Marie (1786-1859), Catherine (1788-1819), Olga (1792-1795), Anne (1795-1865), Nicolas (1796-1855), Michel (1798-1849).

qu'on le coiffe. Avec leur sœur Anne [1], ils jouent devant lui en toute liberté et il rit d'aise à la vue de tant de fraîcheur et de grâce. Il les appelle ses « petites brebis ». À aucun moment il ne leur vient à l'idée que cet homme bienveillant, livré aux soins du coiffeur, est un potentat cruel et maniaque dont les foucades ébranlent la Russie jusque dans ses racines. « Il était tendre et si bon envers nous que nous aimions à aller chez lui, écrira Anne. Il disait qu'on l'avait éloigné de ses enfants aînés en les lui enlevant dès qu'ils étaient nés, mais qu'il voulait s'entourer des cadets pour les connaître [2]. »

Après cet intermède paternel, Nicolas retombe sous la loi ferme et douce de ses trois gouvernantes. À leur contact, il s'imprègne d'une morale stricte, mi-allemande, mi-anglaise, dont le puritanisme contraste avec la bonhomie et le débridement en usage dans les familles russes. Il apprend à se surveiller, à se contrôler, à ne jamais perdre la face. Ses compagnons de jeu, choisis eux aussi par les gouvernantes, portent des noms allemands : le prince Adam de Wurtemberg, le petit Vietinghov, le petit Adlerberg... On dirait que, pour l'éducation d'un membre de la dynastie régnante en Russie, il faut se méfier de tout ce qui est russe.

Cependant, Paul Ier finit par redouter que cet entourage de femmes n'amollisse le caractère de Nicolas. Il lui cherche un éducateur instruit, avisé,

1. La future reine de Hollande.
2. En français.

désintéressé, et son choix se porte sur le comte Simon Vorontsov, qui est son ambassadeur à Londres. Diplomate éminent et fervent admirateur de la Constitution anglaise, Simon Vorontsov remplirait assurément avec éclat cette tâche de mentor. Mais il répugne tellement à se retrouver dans l'atmosphère étouffante de la Cour où tout est militarisé à l'extrême qu'il se dérobe à la demande impériale. « Nous ne sommes pas une nation stupide, écrit-il, le 11 août 1798, au baron Nicolaï, confident du tsar. Point n'est besoin d'aller chercher à quatre cents lieues un vieillard infirme pour le charger d'une besogne qu'il est incapable de remplir. » Devant ce refus, on se rabat sur le général Mathieu Lambsdorff, directeur du corps des Cadets et originaire de Courlande. Paul Ier, lui ayant signifié sa volonté, ajoute en allemand : « Si vous ne le faites pas pour moi, faites-le pour la Russie. Je ne vous demande qu'une chose : ne faites pas de mes fils des chenapans comme les princes allemands. » Lambsdorff s'incline. Il n'a pas la subtilité, l'intelligence, la ruse ironique de Vorontsov. Vieux militaire probe et digne, à l'esprit sec et au zèle aveugle, il s'emploie de son mieux à parfaire l'éducation de ses pupilles en insistant sur l'importance de la discipline. Mais il a aussi un fort penchant pour les femmes. La jolie miss Lyon lui tourne la tête. Il la poursuit de ses assiduités ; elle le repousse avec horreur ; il revient à la charge ; et les jeunes grands-ducs assistent, étonnés, amusés, à ce remue-ménage galant. C'est presque aussi divertissant que de jouer à la guerre. Or, soudain, le nouveau château Michel où s'est transportée la famille impériale est ébranlé par une catastrophe incroyable : dans la nuit du 11 au 12 mars 1801, l'empereur Paul Ier succombe à une « attaque d'apoplexie ».

En réalité, tout le monde, à la Cour, sait qu'il a été assassiné, étranglé par un groupe de conspirateurs. On connaît même les noms des principaux « justiciers ». Selon certaines rumeurs, le fils aîné de Paul Ier, Alexandre, était au courant du complot et n'a rien tenté pour empêcher le meurtre de son père. En laissant faire, il a obéi, dit-on, à la volonté de toute la nation excédée par la politique démentielle du tsar. Lorsqu'il a annoncé la mort « naturelle » de son père aux troupes cantonnées dans la cour du château Michel, un tonnerre de hourras a répondu à ses paroles.

Nicolas, âgé de cinq ans à peine, n'est pas autrement affecté par l'événement. Le lendemain de la mort de Paul Ier, l'impératrice mère amène ses fils cadets à son fils aîné Alexandre, devenu empereur, et lui dit en désignant Nicolas et Michel : « Désormais, c'est toi leur père ! » Mais il s'agit d'une simple formule de convenance. Au vrai, elle est fermement décidée à ne pas céder d'un pouce sur l'éducation des enfants. Et Alexandre, obsédé par l'ampleur de ses nouvelles tâches gouvernementales, ne tient nullement à assumer en plus la surveillance de ses frères cadets. Reconduit dans ses fonctions pédagogiques, assuré de l'affection de Marie Fedorovna qui l'appelle « cher papa de mon cœur » (*Lieber Herzenspapa*), Lambsdorff continue de régner, avec une rude autorité, sur la chambre d'enfants. Il est assisté dans ses fonctions par six autres gouverneurs, qui se relaient toutes les vingt-quatre heures. Ceux-là n'impressionnent guère Nicolas et Michel. En revanche, ils rentrent sous terre quand Lambsdorff élève la voix. « Lambsdorff ne nous inspirait qu'un seul sentiment, la peur, écrira Nicolas dans son âge mûr. Et cette peur, ainsi que le sentiment de sa toute-puissance, était telle que la personne de notre mère était reléguée au deuxième plan. Nous fûmes privés du bonheur de la confiance filiale. »

Enfant robuste, remuant et bruyant, Nicolas s'adonne avec passion aux jeux de son âge. La plupart du temps, il s'amuse à la guerre, souffle dans une trompette, bat le tambour, manie des pistolets, crie, bouscule ses camarades, les blesse même parfois dans son emportement. Son ami Adlerberg gardera toute sa vie la trace d'un coup que le jeune grand-duc lui a porté au front avec un fusil. Cette brutalité s'allie curieusement, chez Nicolas, à un fond de sensibilité nerveuse. Il a peur des orages, de la canonnade, des feux d'artifice. Pour un oui pour un non, les larmes lui montent aux yeux. Élevé sous cloche, ignorant tout de la Russie, il n'a qu'une passion : l'armée dans son éclat factice et avec ses glorieuses musiques. Sa mère s'inquiète de cet engouement précoce. Mais Lambsdorff et son entourage insistent pour que le jeune grand-duc soit éduqué dans l'amour du décorum militaire. À trois ans, Nicolas reçoit son premier uniforme : officier des gardes à cheval.

Quelques années plus tard, il se retrouvera colonel. Ces promotions faciles le grisent. Pour justifier son grade, il se croit autorisé à parler sèchement et avec aplomb. Ses études sont médiocres. Il apprend pêle-mêle la danse, l'escrime, l'histoire russe et universelle, la géographie, l'équitation (dès l'âge de cinq ans), la cosmographie, le français, l'allemand, l'anglais, le latin, le piano (mais il avoue préférer le tambour). « Dans mes leçons, écrira-t-il, je ne voyais que la contrainte et j'apprenais sans plaisir. On m'a souvent accusé de paresse et de distraction, probablement non sans raison ; mais les cas n'étaient pas rares où Lambsdorff m'infligeait, pendant des leçons, des coups de canne très douloureux. »

Inquiète des piètres dispositions de son fils pour les études, l'impératrice Marie Fedorovna songe à l'envoyer, avec le petit Michel, à l'université de Leipzig. Cette fois, l'empereur Alexandre ose dire non à sa mère. Et, pour donner une instruction convenable à ses jeunes frères, il fonde le lycée impérial de Tsarskoïé Selo, qui deviendra un centre de formation exceptionnel pour l'élite de la jeunesse russe [1]. Mais l'impératrice Marie Fedorovna n'a pas confiance dans cette institution d'une création trop récente à son goût. On décide donc d'organiser des cours d'enseignement supérieur au palais. Les plus illustres têtes pensantes

1. De nombreux hommes éminents, dont le poète Pouchkine, feront partie de la première promotion du lycée.

du pays défilent devant les deux gamins pour leur inculquer des notions d'économie politique, d'histoire du droit, de mathématiques, de science militaire... Nicolas et Michel les écoutent avec ennui et gribouillent des caricatures dans les marges de leurs cahiers. Cependant, Nicolas, de l'avis même de ses professeurs, a l'esprit vif et une excellente mémoire. La seule matière qui l'intéresse est l'art des fortifications. Toute sa vie durant, il se considérera comme un scientifique. Il dira volontiers, en parlant de lui-même : « Nous autres les ingénieurs. » Son penchant pour l'armée s'accentue avec l'âge. Il connaît mieux que n'importe quel officier tous les secrets du service dans les rangs. Le cœur lui bat d'une virile volupté à la vue d'un alignement d'uniformes. Cette monomanie lui vient de son père, Paul Ier, et de son grand-père, Pierre III. Comme son père aussi, il se montre grossier, cruel et faux. Alors qu'il a quatorze ans, il mord à l'épaule, avec férocité, son professeur de latin et de grec, le grave Adelung, et lui marche sur le pied. Les gentilshommes préposés à son éducation notent dans leur journal ses grimaces, ses frasques, ses insolences et se reconnaissent impuissants à l'en corriger. « Il veut toujours briller par ses traits d'esprit, écrit l'un d'eux, et en rit tout le premier à gorge déployée en interrompant la conversation des autres [1]. »

1. En français.

L'invasion de la Russie par les armées de Napoléon, en 1812, provoque chez Nicolas un tel choc qu'il lui semble mûrir de plusieurs années en quelques jours. Lui qui ignore tout de la Russie est soudain saisi par l'enthousiasme patriotique. Bien qu'il n'ait que seize ans, il ne peut supporter de rester à l'arrière alors que tant de vaillants officiers risquent leur vie pour la défense du pays. Il supplie sa mère de le laisser participer aux combats. En vain. « Le départ de l'empereur pour l'armée fut pour nous deux un coup terrible, car nous sentions battre nos cœurs russes et nous voulions suivre nos soldats, écrira-t-il. Ma mère ne daigna pas nous accorder ce bonheur. Nous restâmes sur place, mais tout changea autour de nous, car tout le monde pensait à la cause commune et notre sort s'en trouva allégé. Toutes nos pensées étaient avec les armées, nous apprenions comme nous le pouvions, parmi les inquiétudes incessantes et dans l'attente des nouvelles du front. Les sciences militaires seules m'occupaient passionnément. J'y trouvais une consolation et une occupation agréables, conformes à mon état d'esprit [1]. »

En apprenant la prise de Moscou par les Français, Nicolas a un sursaut de rage, mais garde toute sa confiance dans l'issue de la lutte. Il parie même un rouble avec sa sœur Anne que, le 1er janvier 1813, il ne restera pas un seul ennemi en Russie. Il gagne son pari. « Je lui remis le rouble d'argent, écrit la grande-duchesse Anne, et il le

1. En français.

fourra sous sa cravate en allant au *Te Deum* qu'on chanta à la cathédrale de Kazan pour la délivrance de la Russie [1]. »

Enfin, au début de 1814, Nicolas et Michel reçoivent de leur frère, l'empereur Alexandre, la permission de se rendre sur le théâtre des opérations. Cette nouvelle les transporte de joie. Il leur semble qu'ils passent brusquement de la chambre d'enfants au monde des adultes. Leur mère les gratifie d'une lettre en français dont ils ne retiennent qu'une phrase : « Je veux vous savoir braves, mais non téméraires. » Le 5 février 1814, ils se mettent en route, accompagnés de l'inévitable Lambsdorff. Celui-ci n'est guère pressé de les voir affronter l'épreuve du feu. Il leur faut dix-sept jours pour atteindre Berlin, puis Vesoul. Peu après, devant la menace d'une contre-offensive des Français, ils quittent rapidement cette dernière ville pour se réfugier à Bâle. C'est là qu'ils apprennent avec dépit que Paris est tombé « sans eux » et que Napoléon a été exilé à l'île d'Elbe. « Dix-huit ans ont passé, écrira Nicolas en 1832, mais le sentiment de tristesse qui s'empara de nous ne s'est pas encore effacé et ne s'effacera jamais. » Venus pour se couvrir de gloire dans les combats, ils sont arrivés trop tard et doivent se contenter de promenades bucoliques dans les montagnes suisses.

Cependant, de Paris, l'empereur Alexandre Ier écrit, en français, à sa mère : « La joie générale est

1. En français.

ici à son comble... On sent le bonheur d'être débarrassé du joug cruel de Napoléon, en même temps que de voir la guerre finie. Chacun respire et se croit régénéré... Pour moi, je jouis peu des plaisirs de Paris ; mes occupations et mes goûts me retiennent beaucoup chez moi... J'ai quitté ma demeure dans l'hôtel du prince de Bénévent et suis allé me loger à l'Élysée-Bourbon, hôtel charmant qui appartenait à Napoléon et qui a l'avantage d'avoir un charmant petit jardin... Les maréchaux et généraux français ne reviennent pas de leur étonnement à la vue de la beauté de nos troupes, de l'état de notre cavalerie et de notre belle artillerie... Si quelque chose me fait plaisir de notre entrée à Paris, c'est la manière dont Dieu a permis que cela se fît, c'est-à-dire non en conquérants ou ennemis, mais en véritables amis de ceux qui avaient été si longtemps nos plus cruels ennemis... Chère maman, veuillez me donner vos ordres sur le compte de mes frères et qu'ont-ils à faire ? Doivent-ils profiter de cette occasion pour voyager un peu en Hollande, en Angleterre, en Suisse, ou bien ordonnez-vous qu'ils reviennent tout de suite ? » Cette lettre plonge l'impératrice mère dans la perplexité. Elle craint l'influence délétère de Paris sur la « pureté de pensée » de ses plus jeunes fils. Comme elle l'écrit à leur nouveau mentor, le général Konovnitsine, cette ville est un endroit « où l'on trouve à chaque pas des images du vice et de la légèreté et où la débauche se présente sous un aspect aimable et amusant ». Néanmoins, elle cède aux arguments d'Alexandre et bientôt Michel et Nicolas rejoignent l'empereur à Paris.

Là, ils sont charmés, à leur tour, par l'accueil chaleureux de la population qui acclame le tsar comme le libérateur de l'Europe. Mais, alors que la plupart des officiers de l'armée d'occupation fréquentent les théâtres, les clubs et nouent des amitiés dans les milieux intellectuels de la capitale, Nicolas se tient à l'écart de cette agitation brillante. Toujours dominé par le souci de la vie militaire, il visite les casernes, les hôpitaux, l'École polytechnique, bavarde avec les Cosaques campés aux Champs-Élysées et se rend aux Invalides où, à la vue de son uniforme, les vieux grognards se détournent, les larmes aux yeux. Certains, cependant, consentent à entrer en conversation avec lui et évoquent, avec des soupirs, les grandes batailles de Napoléon. Pour les consoler de leur humiliation et de leur chagrin, Nicolas leur promet que les milliers de prisonniers français retenus en Russie et en Pologne seront libérés dans les prochains jours. Aux yeux du monde entier, il semble que la guerre soit à jamais proscrite des préoccupations humaines.

Hors la présence de Nicolas, plusieurs officiers de son entourage continuent toutefois de s'intéresser, en secret, aux remous de la politique française. Ils admirent l'audace avec laquelle on discute, ici, du droit des citoyens et même des avantages d'une constitution. Visiblement, malgré le brillant intermède napoléonien d'ordre, de faste et de conquête, qui n'a duré que dix ans et s'est achevé en désastre, la France n'a pas fini de digérer les rêves de la révolution de 1789. Elle en a gardé une sorte de nostalgie humanitaire, ou, du moins, une vague démangeaison philosophico-sociale, le goût de tout remettre en question sous le premier prétexte. Il n'y a guère de chances, pensent les compagnons superbement galonnés de Nicolas, pour que cette épidémie remonte de Paris à Saint-Pétersbourg. Et certains, chacun à part soi, le regrettent.

De retour en Russie, Nicolas renoue mollement avec ses études. Mais, quelques mois plus tard, l'Europe est secouée par un tremblement de terre. De Saint-Pétersbourg à Berlin, les alliés reprennent les armes, car ce diable de Napoléon s'est évadé de l'île d'Elbe et marche victorieusement sur Paris. Cette fois, l'empereur Alexandre autorise ses deux frères cadets à rejoindre l'armée russe concentrée en Allemagne. De nouveau, l'impératrice mère croit utile de mettre Nicolas et Michel en garde contre un engouement inconsidéré pour la chose militaire. « J'espère, mes chers enfants, leur écrit-elle en français, que le régime militaire que vous aurez sous les yeux ne vous fera pas adopter le ton brusque, dur, impérieux ; il déplaît chez tout le monde, mais il est insupportable dans des personnes de votre naissance. »

Munis de ce viatique, les deux jeunes gens partent, le 13 mai 1815, pour Heidelberg où se trouve le quartier général de l'empereur Alexandre. Ils espèrent participer à de glorieuses batailles. Mais il est dit que l'issue de la guerre se décidera sans eux. Les événements se bousculent dans une accélération vertigineuse. Après la victoire remportée par Wellington et Blücher à Waterloo, Napoléon se résigne à abdiquer pour la seconde fois, Paris ouvre ses portes aux Prussiens, Louis XVIII peut revenir et Alexandre se réinstalle à l'Élysée-Bourbon. Retrouvant la France sans avoir combattu, Nicolas se sent amèrement frustré. Sa seule consolation est de figurer dans une gigantesque parade sur la plaine de Vertus, à cent vingt verstes de Paris, entre Épernay, Brienne et Châlons : il y commande la deuxième brigade de la troisième division de grenadiers. Saluant de son épée les invités prestigieux qui assistent à la revue, il a le sentiment d'être malgré tout un personnage important.

Tandis que les alliés célèbrent ainsi la victoire de leurs armées, la Russie, saignée à blanc par la guerre, s'agite, proteste, cherche une raison à tant de pertes humaines. La grande-duchesse Anne écrit, en français, à ses frères : « Vous savez comme les affaires intérieures vont mal et chaque jour on apprend de nouveaux détails ; de plus, nous avons une race de mécontents, détracteurs et raisonneurs, qui ne fait que s'accroître, et sans être injuste on ne peut pas nier les motifs qui leur donnent prise car ils existent. » Serait-ce la manie contestataire française qui gagne la Russie ? À en croire la grande-duchesse Anne, il faut que l'empereur revienne au plus tôt en Russie pour reprendre en main la politique du pays. Mais Alexandre ne se presse pas de rentrer. Il a une affaire importante à régler avant de regagner sa capitale : les fiançailles de son frère Nicolas, âgé de dix-neuf ans, avec la jeune et charmante princesse Charlotte de Prusse, de deux ans sa cadette. Les chancelleries ont préparé cette union. La reine Louise accorde sa fille au frère d'un souverain pour lequel, jadis, elle eut un tendre sentiment. Et Alexandre se dit qu'un tel mariage symbolise l'alliance de deux peuples qui ont vaillamment combattu côte à côte. Pour donner sa pleine signification à l'événement, Blücher, le vainqueur de Waterloo, et Barclay de Tolly, feld-maréchal russe, ont été invités à la table familiale lors du dîner de fiançailles, le 23 octobre 1815, au palais royal de Berlin. Dans la grande salle voisine, festoient tous les officiers du régiment de grenadiers russes, dont Frédéric-Guillaume III est le colonel honoraire, et qui ont fait leur entrée dans la ville, le matin même. L'annonce des accordailles princières est saluée par une explosion de toasts et de vivats. Toutefois, il est décidé de retarder le mariage jusqu'au jour où Nicolas aura atteint sa majorité.

Par miracle, il se trouve que le choix des familles et des diplomates correspond au vœu secret des deux jeunes gens. À sa première rencontre avec la princesse Charlotte, Nicolas s'est enflammé. « C'est ici, à Berlin, dira-t-il dans une note autobiographique, que la Providence décida du bonheur de toute mon existence ; c'est ici que je vis celle qui, dès le premier regard, et selon ma libre décision, éveilla en moi le désir de lui appartenir pour toute la vie. » De son côté, la princesse Charlotte est sous le charme. « Il me plaît et je suis certaine d'être heureuse avec lui, écrit-elle à son frère ; ce que nous avons en commun, c'est notre vie intérieure ; que le monde aille comme il veut, nous formons un monde à nous dans nos cœurs. » Aveuglée par l'amour, elle ne peut déceler encore la dureté égoïste, l'étroitesse d'esprit, la raide suffisance de son fiancé. Lui, en revanche, a d'abord discerné en elle une jeune fille très pure, sentimentale, superficielle et douce qu'il sera facile de dominer. Heureux de leur bonne entente, ils se promènent, la main dans la main, à travers la campagne de Potsdam, se rendent en grande pompe à l'Opéra de Berlin, échangent des compliments tendres derrière le dos de leurs chaperons.

En quittant la princesse Charlotte pour retourner dans son pays, Nicolas songe que ces deux ans d'attente avant le mariage seront pour lui un supplice. Du reste, après quelques mois d'études à Gatchina, il est décidé en famille que, pour parfaire son éducation, il doit voyager à travers la Russie. Durant trois mois, il se traîne de ville en ville, inspectant les installations militaires, interrogeant des généraux, recevant des suppliques auxquelles il lui est interdit de répondre. Chemin faisant, il note dans son Journal que les juifs sont tous des usuriers qui ruinent les paysans telles des « sangsues » avides, que les jésuites détournent les jeunes Russes de leurs devoirs envers la patrie, que les prisons sont insuffisantes et vétustes, que la Crimée dépérit parce que les exploitations agricoles y sont aux mains de Tartares paresseux...

Revenu à Saint-Pétersbourg le 26 août 1816, il en repart le 13 septembre, sur l'ordre d'Alexandre, pour l'Angleterre, afin de « s'y enrichir de connaissances et d'expériences ». Cependant, l'Angleterre présente un danger pour tout visiteur russe : l'attrait néfaste de sa Constitution. L'impératrice mère se dépêche d'écrire au nouvel ambassadeur de Russie à Londres, le comte Lieven, pour le prier de préserver le jeune grand-duc de « la perversité si grande et si hardie [1] » de la société britannique. En outre, elle charge le comte Nesselrode de composer un mémoire spécial à l'usage de son cher Nicolas. Selon ce document, élaboré par le grave ministre des Affaires étrangères, il est intéressant, certes, pour un voyageur russe, de « contempler » la Constitution anglaise afin d'exercer son « esprit d'observation », mais il ne faut pas songer à la transporter « sous un autre ciel et dans un autre climat » [2].

Les craintes de Marie Fedorovna se révèlent superflues. À Londres, Nicolas ne s'intéresse ni aux milieux mondains ni aux milieux politiques. Comme toujours, seuls les problèmes militaires retiennent son attention. Il dit à son compagnon de voyage Koutouzov : « Si, pour notre malheur, un mauvais génie avait transplanté chez nous tous ces clubs et tous ces meetings qui font plus de bruit

1. En français.
2. *Id.*

que d'affaires, j'aurais prié le bon Dieu de répéter le miracle de la Tour de Babel, ou mieux de les priver tous du don de la parole. »

Logé superbement à l'hôtel St. Alban's, Stratford Place, il se livre, selon son habitude, à l'inspection des établissements de guerre et de la marine, mais veut également assister à l'ouverture du parlement. Enfin, ayant traversé en coup de vent Édimbourg, Liverpool, Plymouth, Portsmouth, salué le Régent à Brighton et honoré de sa présence quelques salons aristocratiques, il s'éclipse, laissant après son passage le souvenir d'un jeune homme séduisant et sûr de lui. « Il est vraiment charmant et je ne lui connais d'autres défauts que sa manie des uniformes ! » note la comtesse Lieven, femme de l'ambassadeur. « Il est diablement beau ! Ce sera le plus bel homme de l'Europe ! » s'écrie Mrs Campbell, dame d'atour de la princesse Charlotte. Quant à Stockmar, fin connaisseur des grands de ce monde, il admire la haute taille de Nicolas, ses traits réguliers, son nez grec, son teint clair, la coupe stricte de son uniforme vert à parements rouges et à épaulettes d'argent. « Il parle volontiers et fort bien le français, accompagnant ses paroles de gestes élégants, écrit-il. Tout ce qu'il dit n'est peut-être pas très intelligent, mais pour le moins très agréable. S'il veut souligner une de ses phrases, il hausse les épaules et lève les yeux au ciel de façon quelque peu affectée. En toute chose, il montre beaucoup d'assurance, mais sans prétention. »

Rentré à Saint-Pétersbourg le 27 avril 1817,

Nicolas en repart, dès le 31 mai, pour se porter au-devant de sa fiancée, Charlotte, qui vient en Russie, escortée de son frère, Guillaume, et d'une suite allemande. La jeune fille, qu'il accueille à la frontière, est terrorisée par l'étendue de sa chance et de son dépaysement. « Enfin, vous voici parmi nous ! » lui dit-il à voix basse en la prenant par la main. Et il ajoute plus haut : « Que Votre Altesse royale soit la bienvenue en Russie ! » Puis, l'entraînant vers les troupes russes qui acclament le couple, il la promène de rang en rang, annonçant aux officiers : « Messieurs, ce n'est pas une étrangère, c'est la fille de notre plus fidèle allié et du meilleur ami de notre empereur. » Ces paroles ne suffisent pas à rassurer Charlotte. Il fait une chaleur étouffante. À chaque étape, Nicolas organise une parade en l'honneur des illustres visiteurs. Le soir, dans sa chambre, la jeune fille pleure en pensant qu'il lui faudra changer de religion et affronter les pièges d'une rigoureuse étiquette. Elle redoute par-dessus tout de rencontrer l'impératrice mère, car, selon son expression, on lui en a fait « grande peur ». Mais Marie Fedorovna se montre très aimable envers sa future bru et l'empereur Alexandre déploie devant elle toutes les ressources de sa séduction. « Il me reçut avec cette grâce et des paroles cordiales qui n'appartenaient qu'à lui [1] », dira-t-elle. Seule l'épouse d'Alexandre, l'impératrice Élisabeth, lui paraît revêche.

Vêtue d'une simple robe blanche, sans autre

1. En français.

bijou qu'une petite croix au cou, Charlotte est baptisée orthodoxe dans la chapelle du palais d'Hiver et reçoit à cette occasion le nom d'Alexandra Fedorovna. Le mariage a lieu le 1er juillet 1817. Une salve de vingt et un coups de canon annonce que le cortège se met en marche pour se rendre à l'église. À l'entrée du saint lieu, le clergé présente l'eau bénite à la famille impériale et Marie Fedorovna conduit les fiancés jusqu'à l'estrade qui leur est réservée. Les garçons d'honneur, chargés de tenir la couronne au-dessus de leurs têtes, sont le grand-duc Michel pour Nicolas et le prince Guillaume pour Alexandra, ex-Charlotte. Un dîner et un bal suivent la cérémonie religieuse. Au cours de ces festivités, Nicolas et Alexandra ont à peine le temps d'échanger quelques mots à voix basse. « Vous paraissez distraite et rêveuse », lui dit-il. « Je me recueille dans mon bonheur ! » répond-elle. Enfin, le jeune ménage, quittant la foule des invités, se dirige, suivi d'un détachement de hussards et de gardes à cheval, jusqu'au palais Anitchkov qui lui a été octroyé comme résidence. L'empereur Alexandre et l'impératrice Élisabeth les y accueillent en leur offrant le pain et le sel de l'hospitalité. Le soir même, l'empereur Alexandre écrit, de sa main, en français, au roi Frédéric-Guillaume : « C'est durant une lutte mémorable, lorsque nos peuples associés l'un à l'autre par de formidables destinées parcouraient avec nous la sanglante carrière de l'adversité et de la gloire, et pour ainsi dire au milieu des camps, que cette union si chère pour nous a été décidée. Elle met la dernière main à l'ouvrage de l'alliance indissoluble de la Prusse avec la Russie en réunissant nos deux familles en une seule... Ma mère est heureuse de l'aurore de bonheur qui luit à ses enfants. »

II

À DEUX PAS DU TRÔNE

Le jeune couple savoure les joies de la vie conjugale avec une radieuse insouciance. « Si l'on me demande dans quel coin se cache le vrai bonheur, je dirai au palais Anitchkov », écrit Nicolas à cette époque. Il apprécie les qualités de douceur, d'innocence, de sentimentalité enfantine que toute la Cour reconnaît à Alexandra. « Dieu qu'elle est gracieuse et attrayante, et gentille et belle ! » s'écrie la comtesse Lieven. Mlle Rossetti, demoiselle d'honneur, voyant la grande-duchesse à un concert, s'extasie sur son joli visage, sur sa chevelure soyeuse, ornée de roses pompon, et sur sa robe bleue au corsage garni des mêmes fleurs. Elle note aussi la légèreté aérienne de sa démarche. Folle de danse, Alexandra ne manque pas un bal. Mais elle préfère encore aux amusements mondains les soirées en tête à tête au palais Anitchkov. Pendant ces heures d'intimité, les époux se font la lecture à haute voix : *Corinne* de Mme de Staël, les romans de Walter Scott... « Je me rapprochais encore davantage de mon Nicolas, écrit

Alexandra. Je sentais n'avoir que lui pour appui, pour soutien dans ma nouvelle patrie et sa tendresse me dédommageait complètement de tout ce que j'avais perdu. » Le célèbre poète Joukovski, qui est chargé de lui apprendre le russe, est tout ému par sa finesse et son application. « Son plus grand charme est sa véracité », dit-il. L'empereur lui-même se plaît à lui rendre visite et à bavarder avec elle. Quant à l'impératrice Marie Fedorovna, elle a pour sa belle-fille une tendresse de mère. Elle la compare à une « matinée printanière » et vient la voir à tout bout de champ pour prendre auprès d'elle un bain de jeunesse et de gaieté. Dans la famille, l'usage est d'écrire en français, mais de parler allemand. D'ailleurs, tous les aides de camp de Nicolas portent des noms à consonance germanique. Adlerberg, son ami d'enfance, Fredericks... Le seul Russe authentique de son entourage, le chambellan Cyrille Narychkine, se montre si atrabilaire, si vétilleux, « méchant comme une vipère » selon l'expression d'Alexandra, qu'il faut l'éloigner pour préserver « la paix du ménage ». On le remplace par l'aimable comte Gabriel de Modène : encore un étranger ! « Nous étions on ne peut plus contents du comte de Modène depuis qu'il avait remplacé Cyrille Narychkine, écrira Alexandra. Tournure distinguée de la vieille cour de Versailles, bon ton même en plaisantant, complaisant sans être bas, arrangeant tout à merveille [1]. »

1. En français.

Cette existence tout ensemble protocolaire et sentimentale est interrompue, de temps à autre, par des voyages. Au mois de septembre 1817, la famille impériale se rend à Moscou. En découvrant, d'une fenêtre du palais, la ville immense aux coupoles rutilantes qui s'étend à ses pieds, Alexandra éprouve le choc d'une révélation historique. Pour la première fois, elle entre en contact avec le pays de son mari. « J'eus un véritable saisissement au cœur, écrira-t-elle, je compris la Russie, je me sentis fière de lui appartenir [1]. » Mais elle n'oublie pas pour autant l'Allemagne. L'amitié de Nicolas pour la patrie de sa femme est sincère. Le mariage a encore resserré les liens entre la famille royale de Prusse et la famille impériale de Russie. Tantôt, c'est Frédéric-Guillaume III ou le prince Guillaume qui viennent en grand équipage à Saint-Pétersbourg, tantôt c'est Nicolas et Alexandra qui vont passer un hiver à Berlin.

Un jour, pendant la messe, à l'église du palais, Alexandra est prise d'un étourdissement. « Je tombai évanouie comme raide morte, notera-t-elle dans ses souvenirs. Nicolas m'emporta dans ses bras. Je n'en savais rien, je jetai un cri lorsqu'on me donna des sels à respirer et je repris mes sens. Cet accident qui, au premier moment, effraya les assistants, fut comme l'annonce de ma grossesse, à laquelle moi-même je croyais à peine, et cette nouvelle réjouit tout le monde. On dit qu'à la

1. En français.

place où j'étais tombée on trouva des feuilles de roses effeuillées, apparemment de mon bouquet, ce qui parut très poétique aux dames [1]. »

Le 17 avril 1818, elle met au monde son premier enfant, le futur empereur Alexandre II : « À onze heures, j'entendis le premier cri de mon premier enfant ! Nixa [Nicolas] m'embrassait et fondait en larmes, et nous remerciâmes Dieu ensemble sans savoir encore s'il nous avait donné un fils ou une fille, lorsque maman s'approcha de nous, disant : "C'est un fils." Le bonheur en redoubla et pourtant je me rappelle que je sentis quelque chose de grave et de mélancolique en pensant que ce nouveau-né serait peut-être un jour empereur [2]. » D'autres naissances suivront à de brefs intervalles [3]. Ces grossesses successives épuisent la jeune femme. « C'est bien gai d'avoir toujours un petit enfant dans le ménage, mais je voudrais cependant me reposer pendant plusieurs années », confessera-t-elle, dans une lettre du 7 novembre 1825, à son beau-frère l'empereur Alexandre.

Dès qu'il s'évade de cette douce ambiance familiale, Nicolas revêt une apparence sévère,

1. En français.
2. *Id.*
3. Nicolas et Alexandra Fedorovna ont eu neuf enfants : Alexandre, le futur tsar Alexandre II (1818-1881), Marie (1819-1876), une fille morte en naissant (1820), Olga (1822-1892), une autre fille morte en naissant (1823), Alexandra (1825-1844), Constantin (1827-1892), Nicolas (1831-1891), Michel (1832-1909).

implacable, bornée. Le service militaire est devenu la principale préoccupation de son existence. Il ne se sent heureux que parmi les soldats. « Là, tout est ordre, légalité inflexible, une chose découle de l'autre, aucune contradiction n'est de mise, dira-t-il un jour au mémorialiste Schneider ; personne n'ordonne sans avoir d'abord appris à obéir ; personne ne se met en avant s'il n'en a pas le droit ; tout a un but défini, tout a sa destination... Je ne considère la vie humaine que sous l'angle du service. » L'autorité du supérieur hiérarchique sur ses subordonnés lui paraît une notion sacrée. Tout manquement à la discipline le révolte comme une insulte à la monarchie et peut-être même à Dieu. Nommé inspecteur général du génie par son frère l'empereur, il proclame dans son premier ordre du jour, en date du 20 janvier 1818, entièrement rédigé de sa main : « La moindre infraction au règlement sera punie selon toute la sévérité des lois ; aucun pardon ne sera accordé. » Son ascension dans les grades de l'armée ne fera que renforcer les dispositions cassantes de son caractère. Successivement chef de bataillon des sapeurs de la Garde, colonel du régiment des gardes Ismaïlovski, général de brigade, général de division, sa seule apparition dans une caserne terrorise soldats et officiers. À ces moments-là, il n'a rien de commun avec le prince élégant et enjoué dont la haute société allemande et britannique chante les louanges, avec le père de famille affectueux et simple qui attendrit ses proches au palais Anitchkov. C'est, dans tout son être, comme l'explosion d'une seconde nature. Des heurts sérieux éclatent entre lui et les officiers du régiment de chasseurs de la Garde dont il a insulté un camarade ; les officiers du régiment Ismaïlovski protestent parce qu'il les fait défiler devant la troupe pour les punir d'avoir mal exécuté un exercice ; le général Bistram, très populaire parmi ses hommes, essuie de sa part des reproches si outrageants que le commandant du corps d'armée est obligé d'intervenir pour calmer les esprits. Il est vrai que la discipline militaire s'est quelque peu relâchée au cours des campagnes napoléoniennes. Mais les vétérans de la guerre, qu'ils soient officiers ou soldats, ne peuvent tolérer qu'un blanc-bec, qui n'a pas connu le feu de l'ennemi, vienne leur enseigner la meilleure façon de se tenir à la parade. Ils le prennent en haine pour son exigence et sa grossièreté. « Nicolas n'était pas aimé par la Garde à cause de sa dureté à l'égard des officiers et des soldats, et à cause des réprimandes qu'il leur faisait constamment pendant le service », écrira von Wiesen [1]. Et le prince Troubetzkoï : « Nicolas était connu pour ses façons grossières avec les officiers et pour sa dureté avec les soldats de la division qu'il commandait [2]. » De son côté, Nicolas avouera dans une note personnelle : « Je commençais à punir, mais j'étais le seul, car, ce que je blâmais selon ma conscience, était partout autorisé, même

1. *Mémoires d'un Décembriste.*
2. *Mémoires*, par le prince Troubetzkoï.

par mes chefs. La situation me semblait des plus difficiles... La subordination avait disparu et n'existait qu'au front, le respect des chefs également ; le service n'était qu'un vain mot, car il n'y avait ni règle, ni discipline. À mesure que je connaissais mieux mes subordonnés et voyais ce qui se passait dans les autres régiments, l'idée s'implantait en moi que ce relâchement des mœurs militaires cachait quelque chose de grave. »

Un diplomate russe, le prince Kosloffski, ministre de Russie à Stuttgart, a eu l'occasion d'observer de près Nicolas et s'est livré à une analyse subtile de sa personnalité, au physique comme au moral : « Il a la plus noble figure que j'aie vue de ma vie. Mais l'expression habituelle de sa physionomie a quelque chose de sévère et de misanthropique, qui ne met point à l'aise. Son sourire est un sourire de complaisance, qui n'est point le résultat de la gaieté et de l'abandon. L'habitude de les réprimer est devenue tellement inséparable de son être que vous ne voyez en lui aucune gêne, aucun embarras, et pourtant toutes ses paroles, comme tous ses mouvements, sont cadencés comme s'il avait devant lui un papier de musique. Il n'y a rien dans le ton de sa voix ou dans la composition de sa phrase qui indique la fierté ou la dissimulation ; et pourtant vous sentez que son cœur est fermé, que cette barrière est inaccessible et qu'on serait fou d'espérer pénétrer dans l'intimité de sa pensée... Si le grand-duc

Nicolas monte un jour sur le trône, je ne doute pas qu'on le serve avec zèle, non qu'il gagne les cœurs par un aimable abandon comme Henri IV, mais parce que les hommes aiment à obéir à un prince qu'on peut toujours montrer avec orgueil [1]. »

Un jour de juillet 1819, après les manœuvres qui ont eu lieu à Krasnoïé Selo, dans les environs de Saint-Pétersbourg, l'empereur manifeste le désir de dîner chez son frère Nicolas. À cette époque-là, Alexandra est enceinte de celle qui sera sa fille aînée, Marie. Nicolas commande la deuxième brigade de la Garde. Il vient, pour la première fois, de diriger les évolutions des troupes à la revue. Le tsar le complimente pour la tenue de ses hommes, puis, sur le ton de la confidence, déclare : « C'est un rêve favori de ma jeunesse que je vois s'accomplir lorsque je m'aperçois que Nicolas répond si bien à mes espérances. Je peux, en quelque sorte, le regarder comme mon fils, j'aurais pu être son père et, comme le Ciel ne m'a pas accordé d'enfants, je le regarde comme un remplaçant. » Il poursuit en disant que l'Europe a plus que jamais besoin d'un souverain jeune, qu'il est personnellement las du pouvoir et désireux de se « retirer du monde », que son autre frère, Constantin, lui a affirmé à plusieurs reprises son refus de régner et que, dans ces conditions, c'est Nicolas qui devra monter sur le trône, dès que la

1. Cité par Constantin de Grünwald (*La Vie de Nicolas Ier*) d'après un ouvrage, publié en 1846, à Leipzig : *Fürst Kösloffski*.

succession sera ouverte. Nicolas, auquel son frère n'a jamais délégué jusqu'ici aucune responsabilité politique, est, selon sa propre expression, « surpris comme par la foudre ». « Tout en larmes, écrira-t-il, éclatant en sanglots à l'annonce de cette nouvelle inattendue, nous nous taisions. Enfin l'empereur, voyant l'impression profonde et douloureuse produite par ses paroles, eut pitié de nous, et, avec cette bonté d'ange qui n'appartient qu'à lui, commença à nous calmer et à nous consoler... J'osai alors lui dire que je ne m'étais jamais préparé à ce rôle et ne me sentais ni la force ni le courage d'entreprendre une œuvre si importante... Il me répondit amicalement qu'il se trouvait dans la même situation en montant sur le trône... Cet entretien prit fin, l'empereur se retira et nous restâmes, avec ma femme, dans un état que je ne pourrai comparer qu'à l'impression qui envahit un homme en train de cheminer tranquillement le long d'un chemin agréable, fleuri, d'où l'on aperçoit les plus beaux paysages, et qui voit soudain s'ouvrir sous ses pieds un abîme vers lequel une force inexorable le pousse sans lui permettre de s'écarter ou de retourner en arrière. Voilà l'image exacte de notre terrible destinée. »

Certes, Nicolas n'ignore pas que l'empereur, fatigué par un long règne, n'exerce plus qu'à contrecœur ce métier de souverain où il a montré tant d'éclat. Certes, il a ouï dire qu'Alexandre a confirmé devant ses aides de camp son désir d'abdiquer. Certes, il est au courant de la répugnance que Constantin manifeste depuis longtemps pour le pouvoir, se contentant d'être commandant en chef des troupes russes du royaume de Pologne, créé en 1815 sous l'égide de la Russie. Donc tout le désigne, lui, Nicolas, le troisième fils de Paul, pour être l'héritier du trône. Mais il a beau être secrètement instruit de cette éventualité, le fait de l'entendre annoncer ouvertement par son frère aîné l'abasourdit comme une décision imprévisible et saugrenue. Ce qui l'effraie surtout, c'est son manque de préparation aux affaires de l'État. Alexandre n'a même pas jugé utile de le nommer membre du Conseil d'Empire. À vingt-trois ans, Nicolas ne sait de la politique que ce qu'on en murmure dans les salons. « Toute ma connaissance du monde, écrira-t-il, consistait en attentes quotidiennes dans les antichambres et dans les chambres des secrétaires où se rassemblaient tous les jours, à dix heures, comme à la Bourse, tous les aides de camp, les généraux de la Garde, ceux qui venaient de province, et tous les seigneurs importants qui avaient leurs entrées chez le souverain. Dans cette assemblée bruyante, nous passions parfois une heure, parfois davantage... Par oisiveté, nous prîmes l'habitude de nous occuper, au cours de ces réunions, des affaires de la Garde. Mais plus généralement, nous passions notre temps en plaisanteries et railleries sur le prochain. Il y avait aussi des intrigues. »

Ainsi, tout en se sachant appelé aux plus hautes fonctions, Nicolas doute de pouvoir les remplir un jour avec compétence. Et Alexandre, tout en le considérant comme son successeur, hésite à l'initier aussitôt à l'art de gouverner le pays. Or, l'année suivante, le 12 mai 1820, Constantin, qui a obtenu l'annulation d'un premier mariage avec Juliana, fille du duc François de Saxe-Saalfeld, épouse morganatiquement, en secondes noces, une comtesse polonaise, Jeanne Grudzinska, laquelle reçoit le titre de princesse Lowicz. Sa nouvelle femme n'appartenant pas à une maison régnante est exclue, ainsi que ses futurs enfants, de la lignée dynastique russe. Cette circonstance ne peut que le confirmer dans son intention de renoncer à toute prétention à la couronne. Le 14 janvier 1822, il écrit, de Varsovie, à Alexandre : « Ne reconnaissant en moi ni le génie, ni les talents, ni la force nécessaires pour être jamais élevé à la dignité souveraine à laquelle je pourrais avoir droit par ma naissance, je supplie Votre Majesté impériale de transférer ce droit à celui à qui il appartient après moi, et d'assurer ainsi pour toujours la stabilité de l'Empire. » Le 2 février, après avoir consulté l'impératrice mère, Alexandre répond à Constantin : « Sachant apprécier les hauts sentiments de votre bonne âme, je n'ai pas été surpris par votre lettre... Il ne nous reste, par respect pour les motifs que vous avez exposés, qu'à vous donner pleine liberté de suivre votre inébranlable résolution, et à prier le Tout-Puissant de bénir les conséquences d'intentions aussi pures. »

De toute évidence, un tel bouleversement dans l'ordre de la succession ne peut se régler en famille par un banal échange de lettres. Cependant,

Alexandre, pris par des soucis plus urgents, attendra l'année suivante pour donner à l'affaire une tournure officielle. En août 1823, il fait rédiger, par Philarète, métropolite de Moscou, un manifeste solennel, enregistrant l'abdication définitive de Constantin et reconnaissant Nicolas pour héritier du trône. Le plus simple serait d'annoncer aussitôt ce changement à la nation et au monde. Mais Alexandre n'aime pas les situations tranchées. Son élément de prédilection, c'est le brouillard. Sans doute aussi veut-il garder la liberté de modifier la teneur du document si les circonstances l'exigent. Pour l'heure, il vaut mieux, pense-t-il, que ces dispositions demeurent secrètes. Il fait remettre trois copies du manifeste, sous pli cacheté, au Conseil d'Empire, au Sénat et au Saint-Synode « jusqu'à nouvelle réclamation de ma part ». L'acte authentique est déposé par le métropolite dans l'autel de la cathédrale de l'Assomption, à Moscou. Les enveloppes portent cette inscription de la main du tsar : « Dans le cas de ma mort, à ouvrir par l'archevêque de Moscou et le gouverneur général de cette ville, en la cathédrale de l'Assomption, avant de procéder à toute autre action. »

Cependant, Alexandre a beau envisager les conditions de sa « sortie de scène », il lui arrive de vouloir encore réaliser certains projets qui lui tiennent à cœur. Ainsi souhaiterait-il, avant de disparaître, régler ses comptes avec la Turquie, réviser le statut de la Pologne, accorder peut-être, très prudemment, un régime constitutionnel à la

Russie. En vérité, ce dernier rêve lui paraît aussi redoutable que séduisant. Il devine, autour du palais, un bouillonnement d'idées subversives. La jeunesse instruite parle déjà d'une liberté à la française. L'armée elle-même n'est plus sûre. Le séjour des troupes d'occupation à Paris les a, semble-t-il, contaminées. Déçu par l'échec de la Sainte-Alliance et de sa politique intérieure, obsédé par des méditations mystiques, l'empereur se demande si son frère Nicolas, brutal et peu expérimenté, saura dominer la sourde agitation qui couve en Russie. Certes, le grand-duc a de la poigne. Mais est-il intelligent ?

En août 1825, Alexandre sent ses forces décliner. Comme sa femme est elle-même dans un état de grande faiblesse, les médecins, craignant pour elle un début de phtisie, recommandent au couple impérial de prendre quelques mois de repos dans le sud du pays, au bord de la mer d'Azov, à Taganrog. Avant le départ du souverain, le prince Golitzine, l'un des rares hauts personnages à être dans le secret, presse Alexandre de rendre public le manifeste modifiant l'ordre de succession au trône. Avec lassitude, Alexandre lui répond : « Remettons-nous-en à Dieu, il saura mieux ordonner les choses que nous autres mortels. »

Aussi, vers la fin de novembre 1825, lorsqu'on apprend, à Saint-Pétersbourg, que le tsar souffre d'un mal étrange, qualifié par les médecins de « fièvre gastrique bilieuse », et que son état empire de jour en jour, Nicolas est-il saisi de panique. Certes, son frère Alexandre lui a fait savoir autrefois qu'il voyait en lui son successeur, mais, cette intention n'ayant pas été exprimée publiquement, il répugne à s'emparer du pouvoir au mépris des droits légitimes de Constantin. Cela d'autant plus qu'il se sait peu aimé de la Garde, alors que Constantin, malgré son caractère abrupt et ses sautes d'humeur, jouit d'une certaine popularité parmi les régiments d'élite. « Absent depuis dix ans, les bonnes qualités de Constantin et plusieurs traits de générosité étaient restés gravés dans l'esprit de l'armée et le temps avait effacé le souvenir des côtés moins louables, tandis que la discipline sévère, peut-être trop dure, du grand-duc Nicolas était un mal plus récent, actuel même », écrivait l'ambassadeur d'Autriche Lebzeltern à Metternich [1]. Dans l'esprit de Nicolas, qui ignore l'existence du manifeste, seule une renonciation officielle de Constantin serait susceptible de lever ses scrupules. Il pourrait certes consulter sa mère, qui est au courant de tous les pourparlers entre Alexandre et Constantin, mais elle est si affligée par la grave maladie de l'empereur qu'il préfère ne pas évoquer devant elle le douloureux problème de la succession. D'ailleurs, une lettre de l'impératrice Élisabeth, expédiée de Taganrog et datée du 17 novembre, précise : « Il y a un mieux très décidé dans l'état de l'empereur [2]. » Peut-être, avec l'aide de Dieu, la menace de la mort s'éloignera-t-elle de la tête de l'« Ange ».

1. Lettre en français du 7 septembre 1825.
2. En français.

Le vendredi 27 novembre 1825, sans nouvelles précises de Taganrog, alors qu'on célèbre une messe dans la chapelle du palais d'Hiver pour la guérison d'Alexandre, un valet de chambre s'approche de la porte vitrée qui donne sur la sacristie où se tient la famille impériale et fait le signe convenu pour annoncer l'arrivée d'un courrier de Taganrog. Nicolas sort sur la pointe des pieds et se trouve devant le comte Miloradovitch, gouverneur général de Saint-Pétersbourg. Celui-ci a un visage tragique. « C'est fini, dit-il. Courage maintenant. Donnez l'exemple [1] ! »

Rentrant dans la sacristie, Nicolas se prosterne, sans un mot, devant sa mère. Elle comprend tout et tombe évanouie. Un médecin se précipite pour la ranimer. On interrompt la messe. En apprenant le deuil qui vient de frapper la Russie, l'assistance éclate en gémissements et en prières. Calme, pâle, les traits tendus, Nicolas revient auprès de sa femme et lui dit : « Soignez notre mère ; moi je vais faire mon devoir [2]. »

Ce devoir est clair à ses yeux : il s'agit, sans perdre un instant, de prêter serment à Constantin. Dans l'église subitement vidée de ses fidèles, il ordonne au prêtre d'apporter la croix et le texte écrit du serment. La voix brisée par les larmes, il répète mot pour mot les formules sacramentelles. Puis, sur le parvis, il communique lui-même la nouvelle de la mort du tsar Alexandre Ier à la garde

1. En français.
2. *Id.*

du palais et exige que tout le monde fasse allégeance au nouveau tsar Constantin. En retrouvant sa mère, il lui déclare avec fierté qu'il a satisfait aux lois de l'honneur dynastique. À peine revenue de son malaise, elle s'écrie : « Nicolas, qu'avez-vous fait ? Ne savez-vous donc pas qu'il y a un acte qui vous nomme héritier présomptif ? » Imperturbable, Nicolas réplique : « S'il y en a un, il ne m'est pas connu, personne ne le connaît ; mais nous savons tous que notre maître, notre souverain légitime est mon frère Constantin et nous avons rempli notre devoir : arrive ce qui pourra [1]. »

Entre-temps, les membres du Conseil d'Empire, s'étant réunis en hâte, procèdent à l'ouverture du testament et, dans l'affolement, se rendent auprès de Nicolas pour lui faire part des volontés de l'empereur défunt. Avec son affectation habituelle, Nicolas lève sa main droite, pointe son index vers le plafond, et dit, en retenant ses pleurs : « Messieurs, je vous prie et je vous conjure, pour la tranquillité de l'État, de suivre mon exemple et celui de l'armée et de prêter serment à l'empereur Constantin. Je n'accepterai aucune autre proposition et je ne veux rien entendre d'autre. » À ces mots, les vieux dignitaires sanglotent et quelques voix s'élèvent pour célébrer « cet exploit généreux ». « Il n'y a là aucun exploit ! s'écrie Nicolas. Ma conduite ne m'est inspirée que par le désir d'accomplir un devoir sacré envers mon frère aîné. Aucune force terrestre ne peut changer mon opi-

1. En français.

nion à cet égard. Je ne prendrai conseil de personne et ne vois rien, en l'occurrence, qui mérite des félicitations ! » Sur quoi, il emmène les membres du Conseil d'Empire chez sa mère. Elle les reçoit, vêtue d'une robe blanche, entre ses deux belles-filles, également habillées de blanc. Toutes trois sont en larmes. L'impératrice Marie Fedorovna confirme qu'elle était au courant de la renonciation de Constantin mais qu'elle approuve la noble décision de Nicolas. Une dernière fois, Golitzine supplie le grand-duc d'obéir aux exigences de l'empereur défunt et d'accepter la couronne. Peine perdue. Nicolas reste inébranlable, face aux notables consternés.

Alors qu'au palais règnent la panique, les sanglots et les chuchotements, la ville est étrangement calme. Sortant de sa maison pour se rendre chez le prince Lopoukhine, le secrétaire d'État Olénine, note : « Hormis les réverbères allumés dans la rue, je ne vis pas une lumière dans les maisons et n'entendis aucune autre voiture que la mienne ; on ne voyait pas un passant à pied ou à cheval ; seul résonnait le bruit sourd des roues de ma voiture, le pas de mes chevaux et, de temps en temps, la voix des sentinelles et des gardes de nuit qui me hélaient. »

Le soir même, Nicolas écrit en français à son frère, à Varsovie : « Cher Constantin, c'est à mon empereur que je viens présenter le serment que je lui dois, que j'ai prêté déjà, ainsi que tous ceux qui m'entourent à l'église, dans le moment même où nous avons été terrassés par le plus horrible des malheurs. Que je vous plains, que nous sommes malheureux, tous ; au nom de Dieu, ne nous abandonnez pas et ne nous laissez pas seuls ! Votre frère, votre fidèle sujet pour la vie et pour la mort. » Il adresse également une lettre au général Diebitch, chef d'état-major, qui se trouve à Taganrog auprès de la dépouille du tsar défunt : « J'ai prêté serment à mon empereur légitime, Constantin Pavlovitch. À présent, ma conscience est tranquille devant celui que nous pleurerons toute notre vie durant et devant mon véritable souverain. Pour le reste, que la volonté de Dieu s'accomplisse. Avec une grande satisfaction morale, je dois vous dire que tout le monde a suivi mon exemple : la Garde, la ville, tous ont prêté serment... Tout est calme et paisible, nous seuls sommes à plaindre, malheureux orphelins abandonnés. » De son côté, la grande-duchesse Alexandra note dans son Journal : « L'Ange est monté aux cieux... Je ne le verrai plus jamais... Et mon Nicolas, mon cher bien-aimé, quelle perte ce sera pour lui et quels soucis cela va lui apporter !... Tout le monde lui disait qu'il avait droit au trône et qu'il devait l'accepter ; mais, comme Constantin ne lui en a jamais parlé et jamais écrit, il a décidé d'agir comme le lui dictaient sa conscience et son devoir : il a refusé cet honneur et ce fardeau qui certainement et après tout retomberont dans quelques jours sur lui... Moi qui suis son *alter ego*, qui le connais si bien, je trouve qu'il ne pouvait agir autrement... Voyons seulement si Constantin voudra accepter tout ça... »

Or, Constantin, à Varsovie, s'obstine dans son refus. Répondant à la lettre de Nicolas, il lui écrit, également en français : « Je vous annonce que d'ordre de feu notre maître, j'ai envoyé à ma mère une lettre qui contient mes volontés irrévocables et qui d'avance ont été sanctionnées tant par feu mon empereur que par ma mère. Ne doutant pas que vous, qui étiez si attaché de cœur et d'âme à feu l'empereur, ne remplissiez ponctuellement ses volontés et ce qui a été fait de son consentement, je vous invite, cher frère, à vous y conformer scrupuleusement et ne doute pas que vous ne le fassiez et que vous n'honoriez pas la mémoire d'un frère qui vous chérissait et auquel notre pays doit la gloire et le degré d'élévation auquel il est monté. » Certes, Constantin pourrait se rendre à Saint-Pétersbourg pour déclarer publiquement sa renonciation à la couronne ou, du moins, rédiger un manifeste solennel d'abdication qui laisserait la voie libre à son frère, mais son caractère entier, coléreux s'oppose à toute mesure de conciliation. Depuis de nombreuses années, il a dit qu'il ne voulait pas régner ; l'empereur défunt a approuvé sa décision ; toute autre démarche est donc, à son avis, superflue.

Durant cette longue période de malentendus, les estafettes et les émissaires se succèdent sur la route neigeuse de Saint-Pétersbourg à Varsovie. De tous côtés, affluent des messages suppliant Constantin de prendre le pouvoir ou d'annoncer ouvertement son refus. Il les lit avec des convulsions de rage et menace de partir pour l'étranger si on l'importune encore avec cette affaire. Parfois même, il refuse d'ouvrir les plis à caractère officiel. Son collaborateur, Frédéric Nesselrode, écrit à une cousine, la comtesse Charles Nesselrode : « Des courriers arrivent journellement de tous les coins de l'empire, le grand-duc prend les dépêches, voit l'adresse : "l'Empereur", les rend avec ces mots : "Pas pour moi", et les pauvres gens sont réexpédiés sur l'heure avec leurs paquets [1]. » Et la comtesse Charles Nesselrode mande, de son côté, à son frère Gouriev : « L'histoire n'offre point d'exemple de deux frères si honnêtes qui se rejettent une couronne comme un ballon [2]. »

De jour en jour, les réponses de Constantin se font plus catégoriques. « Je ne veux rien entendre des actes du Conseil d'Empire ou du Sénat, écrit-il à sa mère. Ce n'est pas d'eux que j'ai reçu mes droits au trône, mais de mes ancêtres, et c'est devant la face de ces ancêtres que j'y ai, à temps, renoncé... Que ces messieurs ne s'imaginent pas avoir le droit de disposer de la couronne impériale à leur guise... » Et encore : « Je ne puis abdiquer, car je n'ai jamais été empereur et je ne le serai jamais... Si je venais maintenant à Saint-Pétersbourg, j'aurais l'air d'arriver pour introniser mon frère, et je n'y ai aucun droit... »

Devant cet entêtement, Nicolas ne sait plus qu'entreprendre. Il y a trois semaines déjà que la

1. Lettre du 12 décembre 1825, en français.
2. Lettre du 7 décembre 1825, en français.

Russie est sans souverain. Les corps constitués et la Garde ont prêté serment à un tsar qui n'existe pas. Moscou et la province ont suivi l'exemple de Saint-Pétersbourg. Privé de pilote, l'immense navire russe va à la dérive. Même le cercueil contenant les restes du monarque défunt n'a pas encore quitté Taganrog. C'est un spectacle à la fois comique et navrant que la Russie offre aux autres cours européennes. Il est temps d'en finir avec ce cauchemar de l'interrègne. Dans un dernier élan de désespoir, Nicolas écrit à Constantin : « C'est prosterné à vos pieds, en frère, en sujet, que j'implore votre pardon, votre bénédiction, cher, cher Constantin, décidez de mon sort, ordonnez à votre sujet fidèle et comptez sur sa sainte obéissance. Que puis-je, grand Dieu, faire ? Vous avez mon serment, je suis votre sujet, je ne puis que me soumettre et vous obéir, je le ferai puisque tel est mon devoir... Mais prenez pitié d'un malheureux qui n'a de consolation que dans la conviction d'avoir fait son devoir et de l'avoir fait faire aux autres... Si j'ai eu tort, j'ai suivi le sentiment de mon cœur... Pouvais-je, oubliant mon honneur et ma conscience, compromettre l'État, cette patrie adorée ?... Arrivez, au nom de Dieu [1]. » Une lettre de sa mère, Marie Fedorovna, plaide dans le même sens : il faut absolument que Constantin vienne à Saint-Pétersbourg pour éclaircir la situation. L'avenir de la monarchie est en jeu. Le frère cadet de Nicolas, le grand-duc Michel, se prépare

1. Lettre en français.

à partir pour Varsovie avec les deux plis. En bénissant son plus jeune fils pour le voyage, l'impératrice mère lui dit : « Quand vous verrez Constantin, dites et répétez-lui bien que si l'on a agi ainsi, c'est parce que, autrement, le sang aurait coulé. » « Il n'a pas encore coulé, mais il coulera [1] », répond Michel avec tristesse.

1. En français. Rapporté par le baron Korff dans ses souvenirs : *L'Avènement*.

III

LES DÉCEMBRISTES

Le 12 décembre 1825, à six heures du matin, Nicolas est réveillé en sursaut par l'annonce de l'arrivée au palais du baron Fredericks, porteur d'un message du général Diebitch, chef du grand état-major. Ce pli, venant de Taganrog, est destiné à être remis « en main propre à l'empereur ». Nicolas fronce les sourcils : comment ose-t-on l'appeler « empereur », alors que rien n'est encore réglé ? Néanmoins, il ouvre l'enveloppe et tombe sur un long rapport révélant l'existence d'un complot dans l'armée du Sud. Quelques officiers de la garnison de Saint-Pétersbourg figurent également parmi les suspects. Il s'agirait, pour les conspirateurs, de s'emparer du pouvoir en profitant de l'interrègne et d'instaurer en Russie un régime constitutionnel. L'inquiétude diffuse de Nicolas se transforme en épouvante à la lecture de ces précisions. Il se sent seul et vulnérable, face au péril immense, obscur et multiforme que représente la nation russe. À qui demander conseil ? « Je considérais avec effroi la situation dans laquelle je me trouvais, écrira-t-il. Il fallait agir sans perdre une minute, avec une autorité complète, avec décision et expérience. Moi, je n'avais ni l'autorité ni le droit d'en user. » Dans l'attente d'une lettre explicite de Constantin qui lui délierait les mains, il répond à Diebitch : « Je ne suis pas encore votre empereur, mais je dois agir déjà comme un empereur, alors que j'attends, d'une minute à l'autre, l'autorisation de Constantin Pavlovitch pour mon avènement au trône. »

Enfin, le messager de Varsovie se présente et Nicolas fait sauter d'un doigt nerveux les cachets du pli. La lettre de Constantin le déçoit. Le style en est trop chaleureux, trop intime. Mais, dans l'état actuel des choses, on s'en contentera. À neuf heures du soir, Nicolas trace ces quelques lignes au bas de sa lettre à Diebitch : « Le courrier décisif est revenu ; après-demain, je serai empereur ou mort. Je me sacrifie pour mon frère, heureux d'accomplir sa volonté en ma qualité de sujet. Mais que se passera-t-il en Russie ? Que se passera-t-il dans l'armée ?... Après-demain, si je reste en vie, je vous enverrai, je ne sais comment, le récit des événements... Ici, tout est incroyablement calme, mais le calme précède souvent l'orage. » Ayant pris sa décision, comme on se jette à l'eau, il charge le vieil historiographe Karamzine de préparer le manifeste. Épuisé et frissonnant de fièvre, Karamzine rédige le document dans un langage si pompeux et avec tant de références à la politique « géniale » d'Alexandre Ier que Nicolas prie le conseiller Michel Speranski de le récrire.

Le soir même du 12 décembre, un jeune aide de camp de l'infanterie de la Garde, nommé Rostovtsev, demande à être reçu par Nicolas. Il domine mal son agitation. D'une main tremblante, il remet au grand-duc une lettre. Nicolas s'isole pour la lire. C'est une dénonciation circonstanciée des troubles qui se préparent contre lui dans la garnison de la capitale. En quelques phrases pathétiques, Rostovtsev le supplie d'être prudent et de ne pas se hâter de faire prêter serment aux troupes. Il l'assure de son zèle et lui demande de le châtier si sa démarche lui paraît incongrue. Ému, Nicolas, dans un geste théâtral, embrasse Rostovtsev et lui promet son amitié. Le jeune aide de camp ne lui a rien appris de nouveau. Tout au plus l'a-t-il confirmé dans son angoisse.

Dès le lendemain, dimanche 13 décembre, il convoque le Conseil d'Empire en séance extraordinaire, à huit heures du soir. Il espère qu'à ce moment-là son frère Michel sera de retour de Varsovie et pourra témoigner, de vive voix, de l'état d'esprit de Constantin. Les hauts dignitaires se présentent, inquiets, au palais d'Hiver. Ils s'interrogent en chuchotant sur les motifs de cette réunion impromptue. On attend le grand-duc Michel. Les heures passent et il n'arrive toujours pas. Désœuvrés, fatigués, les généraux et les notables errent de salle en salle comme des ombres. Bientôt la faim se fait sentir. Les plus âgés tiennent à peine sur leurs jambes. Nicolas improvise un souper dans la pièce voisine. À la vue de la nourriture, le courage des participants se ranime. Vers minuit, enfin, Nicolas renonce à patienter jusqu'à l'apparition de son jeune frère et ouvre la séance du Conseil. Dès l'abord, il annonce qu'il a décidé de se soumettre à la volonté de Constantin et lit le manifeste de son avènement au trône. Les visages sont graves, inspirés. Tous s'inclinent devant le nouveau souverain. De ce côté-là, pense Nicolas, il n'y aura pas de traîtres. Mais comment réagiront l'armée et le peuple ? Après la séance du Conseil d'Empire, il confie ses craintes à sa femme, qui, elle aussi, est transie de peur. « Dans la nuit du 13 au 14, écrit-elle dans son Journal, j'étais seule et je pleurais dans mon petit bureau, lorsque je vis entrer mon mari. Il se mit à genoux, pria longuement. "Nous ignorons ce qui nous attend, me dit-il ensuite. Promets-moi d'être courageuse et de mourir avec honneur, s'il faut mourir." "Cher ami, lui répondis-je, quelles sombres pensées ! Mais ma promesse, je te la donne volontiers." Et je m'agenouillai aussi en priant le Ciel de me donner des forces. »

Toutes les dispositions ayant été prises pour que les corps constitués et la troupe prêtent serment le lendemain, lundi 14 décembre 1825, Nicolas se couche, exténué et anxieux. Dès l'aube, il est debout, ayant à peine dormi quelques heures, et déclare au général Alexandre Benkendorff, qui assiste à sa toilette : « Ce soir, peut-être, aucun de nous deux ne sera plus de ce monde, mais du moins nous mourrons en ayant accompli notre devoir. » Déjà les généraux et les commandants des régiments de la Garde se pressent dans une salle du palais. Nicolas paraît devant eux, revêtu de l'uniforme du régiment Ismaïlovski, leur lit les documents relatifs à la succession ainsi que son manifeste et leur demande s'ils ont quelques remarques à formuler. Son regard autoritaire balaie les visages. Personne ne bronche. Alors, le nouveau tsar, prenant une pose majestueuse, laisse tomber ces mots : « Après cela, vous me répondrez sur votre tête du calme de la ville. Quant à moi, si je suis empereur, ne fût-ce qu'une heure, je saurai m'en montrer digne. »

Selon le programme établi la veille, les membres du Sénat et du Saint-Synode prêtent serment à sept heures du matin. La cérémonie se déroule sans incidents. Peu après, le général Michel Miloradovitch se présente au palais et affirme que le calme règne dans les casernes. Au vrai, ce glorieux soldat des guerres napoléoniennes prend ses désirs pour des réalités. Depuis quelques jours, dans l'ombre, tout est prêt pour une insurrection. Chez un certain Conrad Ryleïev, sous-lieutenant en retraite, employé à la Compagnie commerciale russo-américaine et poète de talent, c'est un va-et-vient d'officiers de la Garde. Tous sont jeunes, généreux, exaltés et rêvent de soulever les régiments de la garnison en prétextant l'illégalité du serment au nouveau souverain. Ils envisagent de réunir leurs hommes sur la place du Sénat et d'exiger la convocation d'une Assemblée nationale qui élaborera une Constitution pour la Russie. Si le grand-duc Nicolas s'oppose à ses sujets, on s'emparera du palais d'Hiver. L'un des conspirateurs, Pierre Kakhovski, n'hésite pas à proclamer qu'il est tout disposé à tuer le soi-disant empereur. Le chef du mouvement sera le colonel-prince Troubetzkoï. On le bombarde, par avance, du titre de « dictateur désigné ». Dans le brouhaha, chacun y va de sa profession de foi démocratique. Un enthousiasme vague et funèbre anime ces apprentis sorciers. C'est ni plus ni moins que l'idéal politique de la France, accommodé à la sauce russe, qu'ils vont tenter d'introduire chez eux. Par patriotisme, disent-ils. Selon eux, il n'y a pas de salut hors de la liberté, de l'égalité et de la fraternité. En se séparant à l'aube, ils jurent de vaincre ou de mourir pour une juste cause.

Il fait froid, ce 14 décembre. Le ciel est d'un gris de fer. Un vent aigre souffle sur la ville déserte et soulève, çà et là, des panaches de neige. Nicolas se retire dans sa chambre et écrit à sa sœur, la grande-duchesse Marie de Weimar : « Prenez pitié d'un malheureux frère, victime de la volonté de Dieu et de ses deux frères. » Là-dessus, le grand-duc Michel, qu'on a vainement attendu la veille, arrive au palais. Il affirme qu'en traversant la ville il n'a rien remarqué d'anormal. « Tu vois que tout va très bien, lui dit Nicolas. Les troupes prêtent serment et il n'y a aucun désordre. » « Attendons la fin de la journée », rétorque Michel. Comme pour lui donner raison, le commandant de l'artillerie de la Garde demande à voir le tsar : selon lui, les officiers de son régiment répugnent à prêter un second serment. Nicolas envoie Michel pour les raisonner. À onze heures, c'est le général Neidhardt, chef de l'état-major de la Garde, qui accourt avec une nouvelle alarmante. « Sire, dit-il, le régiment de Moscou est en pleine insurrection. Les mutins marchent vers le Sénat. J'ai à peine pu les devancer pour vous le dire. Ordonnez au régiment Preobrajenski et à la Garde de marcher contre eux [1]. »

Autour de Nicolas se pressent des dizaines de personnages chenus et chamarrés qui, livides de peur, n'osent ouvrir la bouche. Il ne peut compter que sur lui-même. Sa résolution est prise. Il passe en coup de vent dans l'appartement de sa femme et lui dit en français : « Il y a du bruit au régiment de Moscou. Je dois y aller. » Devinant le drame, elle se précipite chez l'impératrice mère. Toutes deux se postent aux fenêtres. « Nous ne savions rien, écrira Alexandra. On disait simplement que le régiment de Moscou s'était révolté. »

Nicolas se rend d'abord au corps de garde principal du palais, en fait sortir la neuvième compagnie de chasseurs du régiment de Finlande et s'écrie : « Mes enfants, ceux de Moscou font des sottises ! Ne les imitez pas et accomplissez votre devoir en braves ! » Sa voix est ferme, sonore, son regard est celui d'un chef de guerre. Il a revêtu son

1. En français.

grand uniforme du régiment Ismaïlovski : culotte blanche, tunique verte soutachée d'or, cordon bleu, chapeau à plumet. Rien dans son attitude assurée ne trahit l'angoisse qui l'étreint. En acteur consommé, il a conscience soudain d'être entré dans la peau de son personnage. Il n'est plus ce prince oisif, habitué des salons, mais le descendant de Pierre le Grand, de Catherine la Grande. Il est digne de régner. Il le sait, il le sent, et cela raidit encore son maintien.

Quand il franchit la grille du palais, le froid le saisit. Une brume bleuâtre enveloppe la ville. Un attroupement de badauds s'est formé devant la façade. Le général Miloradovitch s'approche de Nicolas et chuchote : « Cela va mal : ils marchent sur le Sénat. Mais je vais leur parler. » Lorsque le général s'est éloigné, Nicolas décide de gagner du temps pour permettre aux troupes fidèles de se réunir. S'avançant vers la foule, il se met à haranguer ces inconnus, moujiks barbus, portiers, ouvriers, domestiques, petits fonctionnaires, employés de magasins qui se massent devant lui, tête nue, avec des mines ahuries. Après quoi, il en embrasse quelques-uns, au hasard, sur les deux joues. À ce moment, surgit le premier bataillon du régiment Preobrajenski, unité d'élite, fière de sa longue tradition. Nicolas se met à sa tête, fait distribuer des cartouches et chevauche vers les insurgés, se frayant un passage à travers la cohue, parmi les traîneaux et les carrosses qui continuent d'affluer au palais. Chemin faisant, il demande à un aide de camp de porter à la garde à cheval l'ordre de se ranger immédiatement à ses côtés. Au loin, des détonations isolées éclatent. Nicolas n'en est pas surpris. Ces premiers coups de feu stimulent même son énergie. Enfin, il va pouvoir passer de la parole aux actes ! Mais Golitzine vient le prévenir que le général Miloradovitch, ayant essayé en vain de parlementer avec les insurgés, a été mortellement blessé par un civil inconnu. « Si on n'épargne pas un général aussi populaire, pourquoi m'épargnerait-on, moi ? » pense Nicolas. La foule l'encercle et bouscule les soldats. Un officier des dragons, aux épaisses moustaches tombantes, la tête enveloppée d'un bandeau noir, s'approche de lui et se nomme : Iakoubovitch. « J'étais avec eux, mais, entendant qu'ils étaient pour Constantin, je les ai laissés pour venir à vous », dit-il en toisant Nicolas avec morgue. « Merci, lui répond Nicolas, vous connaissez votre devoir ? » Cependant, il se demande s'il ne s'agit pas d'un traître chargé de l'espionner et peut-être de l'abattre. En ces heures critiques, il doit se méfier de tout le monde. Il reprend sa marche, toujours à cheval, tandis que, là-bas, enfle une rumeur confuse, coupée de cris stridents : « Hourra ! Hourra, Constantin ! Vive la Constitution ! »

Quand il débouche sur la place du Sénat, son cœur se serre comme à la vue d'une mer déchaînée. Le vaste espace rectangulaire qui s'étend entre l'Amirauté, le chantier de la cathédrale Saint-Isaac, le Sénat et la Neva est envahi par une multitude de curieux. Au centre, dominés par la statue équestre de Pierre le Grand, les soldats mutinés se sont formés en carré. Ils sont en uniforme de parade. Leurs baïonnettes brillent dans la brume. Personne ne bouge. Le vieux comte Dörnberg, ministre du Hanovre, sollicite l'autorisation pour les membres du corps diplomatique de se joindre à la suite de Sa Majesté. Nicolas lui répond fièrement en français : « Cette scène est une affaire de famille à laquelle l'Europe n'a rien à démêler ! »

Entre-temps, la garde à cheval, dévouée à l'empereur, a pris position non loin de la palissade entourant la cathédrale Saint-Isaac en construction. Le régiment Preobrajenski, lui, tourne le dos à l'Amirauté. Par chance, deux bataillons du régiment Ismaïlovski, les chevaliers-gardes et quelques éléments sûrs du régiment de Moscou rejoignent Nicolas. Le régiment Pavlovski, conduit par le grand-duc Michel, fait de même. En revanche, le régiment des grenadiers de la Garde, que Nicolas croit acquis à sa cause, passe devant lui en désordre. Nicolas crie : « Halte ! » Les hommes répondent en grommelant : « Nous sommes pour Constantin ! » et poursuivent leur route vers le milieu de la place. La crainte de Nicolas est que la populace, qui flotte autour des émeutiers, ne prenne leur parti. Dans ce cas, le soulèvement d'une fraction de l'armée se transformerait en révolution. Le général Voïnov essaie d'approcher le carré et essuie un coup de fusil. L'aide de camp Bibikov se fait rosser par des soldats qui refusent de l'entendre. Nicolas ordonne d'amener quelques canons pour impressionner les rebelles. Les pièces arrivent, flanquées de leurs servants, mais sans munitions. L'officier de service ne peut en délivrer sans un ordre écrit. Il faut expédier un nouveau messager pour régler l'affaire.

Cependant, d'heure en heure, les forces des révoltés augmentent. Les marins de la Garde se joignent à eux. Puis, ce sont des grenadiers, débraillés et pris de boisson, qui accourent et poussent des hourras en l'honneur de Constantin et de la Constitution. Certains croient que la Constitution est la femme de Constantin. Cet amalgame les exalte, comme une preuve supplémentaire de leur bon droit. Leur colonel, qui tente de les ramener à la raison, est abattu par le lieutenant en retraite Kakhovski. En face de ces demi-fous, Nicolas médite un plan de bataille imparable : pour commencer il fait occuper toutes les issues de la place. Les insurgés étant isolés au centre, il sera, pense-t-il, plus facile de les mater. De cette façon, on évitera des combats confus et sporadiques à travers la ville.

Dans un suprême effort de conciliation, le grand-duc Michel s'avance vers les rebelles et tente de parlementer avec eux. Mais l'un d'eux, Kukhelbecker, le vise avec son pistolet et le grand-duc s'en retourne sans avoir pu prononcer un mot. Sur l'ordre de Nicolas, il est remplacé par le métropolite Séraphin. Descendant de voiture, le vieillard fait quelques pas, la croix à la main, en direction du carré et dit d'une voix chevrotante : « Vous vous êtes soulevés contre Dieu, l'Église et la Patrie ! » Une bordée d'injures lui répond. Kakhovski hurle : « Assez de mensonges ! Retourne à ta place, à l'église ! » Brandissant la croix au-dessus de sa tête, Séraphin demande : « Cela ne t'inspire-t-il pas confiance ? » Kakhovski s'incline, baise la croix, puis recommence à vociférer. Devant ce tumulte, Séraphin remonte en voiture et s'éloigne.

Il est déjà trois heures de l'après-midi et une pénombre crépusculaire envahit la place. Bientôt, il fera nuit. Le froid augmente. Une mince pellicule de neige recouvre le sol glissant. Des coups de feu partent du régiment de Moscou. Quelques gardes à cheval sont blessés. Les balles sifflent aux oreilles de Nicolas. La foule lance sur les troupes fidèles des pierres et des bûches ramassées sur le chantier de la cathédrale Saint-Isaac. Le général Golovine grogne : « Mais que se passe-t-il ? Qu'attendons-nous encore ? » Les gardes à cheval et les chevaliers-gardes, transis sous leurs cuirasses et leurs casques à crinière, ne peuvent plus supporter cette immobilité humiliante. Certains d'entre eux s'indignent à voix basse : « Il est temps d'en finir avec eux ! » Nicolas galope jusqu'au palais d'Hiver pour renforcer la garde de l'édifice. Chemin faisant, il rencontre Karamzine, tête nue et la pelisse ouverte, qui vient chercher des nouvelles à la demande de l'impératrice. Nicolas le rassure : tout sera bientôt terminé. Comment ? Il ne le sait pas encore. Voilà plus de deux heures qu'il n'est pas descendu de cheval.

De retour sur la place du Sénat, il constate que

l'agitation redouble parmi les rebelles. Mais, eux aussi, sont incapables de se décider. Des deux côtés, c'est l'expectative, le piétinement, l'incohérence. De nombreux chefs de la conjuration sont restés chez eux par doute ou par couardise. Même le prince Troubetzkoï, « le dictateur désigné », n'a pas daigné venir. Cependant, on espère encore, dans les rangs des mutins, que les troupes gouvernementales vont se rallier à la cause de Constantin. Des citadins compatissants apportent du pain et de la vodka à ce carré d'hommes hérissé de baïonnettes. L'alcool ranime l'ardeur des insurgés. Persuadés que le peuple les soutient, ils hurlent de plus belle et tirent des coups de feu au hasard. Excédé, Nicolas envoie contre eux la cavalerie. Mais la distance est courte, le sol, verglacé. Sans pouvoir prendre d'élan, les chevaux glissent, trébuchent et tombent. Plusieurs cavaliers sont désarçonnés. D'ailleurs, ils ne disposent que de vieux sabres de parade aux lames émoussées. La première charge se heurte aux baïonnettes. Une pluie de pierres s'abat sur les cuirasses et les casques. Les gardes à cheval se replient, emportant leurs blessés. Les chevaliers-gardes qui leur succèdent subissent le même sort. Des éclats de rire saluent cette double défaite. On lance même des boules de neige. Le général Vassiltchikov, qui a espéré jusque-là une solution pacifique, dit à l'empereur : « Sire, il n'y a pas un moment à perdre ; on n'y peut rien maintenant ; il faut de la mitraille ! » Impavide, mais songeant à la nécessité de prononcer une phrase historique, Nicolas s'écrie : « Vous voulez donc que je verse le sang de mes sujets le premier jour de mon règne ? » « Oui, Sire, répond Vassiltchikov. Pour sauver votre empire [1]. »

Nicolas se résigne. La nuit tombe. Il faut faire vite. L'artillerie est à pied d'œuvre. Mais on ne dispose que de quatre canons : trois au coin de la perspective, où se trouve Nicolas, et un près du canal, où se tient le grand-duc Michel. Le général Soukhosanet somme à nouveau les insurgés de se rendre. Une balle fauche le plumet de sa coiffure. Sous les huées, il retourne auprès de l'empereur. Alors, à deux reprises, Nicolas commande : « Canonnade par ordre de pièces ! » Et, à deux reprises, il se rétracte et ajoute à voix basse : « Attendez ! » La troisième fois, enfin, il décide de ne pas surseoir. Mais le boute-feu hésite à obéir. « Ce sont des frères ! » murmure-t-il. Indigné, le lieutenant Bakounine lui arrache des mains la mèche enflammée et déclenche le tir à sa place. La mitraille traverse la place et atteint la corniche du Sénat. Quelques badauds tombent du toit. Les émeutiers répondent par les cris de « Vive Constantin ! » La garde à cheval, qui ne peut oublier l'échec humiliant de son attaque, réplique par des hourras. Le deuxième coup de canon, mieux dirigé, frappe le centre du carré. Aussitôt, c'est la débandade. Les soldats rebelles, bousculant la foule, se précipitent vers les rues adjacentes et vers les quais. Certains escaladent le parapet de

1. Cette conversation, rapportée par Nicolas lui-même, eut lieu en français.

granit et sautent sur la glace de la Neva. L'un des conjurés, Michel Bestoujev-Rioumine, tente de rassembler les fuyards pour les conduire vers la forteresse, de l'autre côté du fleuve. Mais un éclat d'obus brise la glace. Des corps basculent dans l'eau. De toutes parts, des soldats affolés détalent, poursuivis par les gardes à cheval et les chevaliers-gardes.

À présent, les troupes fidèles occupent la place du Sénat, jonchée de cadavres. On chuchote qu'il y en aurait plusieurs centaines. Sans attendre la fin du massacre, Nicolas se dirige au galop vers le palais d'Hiver. Là-bas, l'impératrice mère et l'impératrice Alexandra sont à demi mortes d'angoisse. « À chaque instant, nous faisions partir des messagers, écrira l'impératrice Alexandra, mais aucun d'eux ne rentrait... Les quelques témoins des événements trouvaient que l'empereur était trop patient. On admirait son calme, son sang-froid, sa douceur, mais on voulait qu'il se décidât plus vite à une action énergique et qu'il donnât le canon... Lorsque j'entendis la première salve, je tombai à genoux. Mon petit garçon était à côté de moi. Ah ! comme je priais, je n'avais jamais prié ainsi !... Le sang russe a été versé par des Russes. » L'impératrice mère dira de son côté : « Lorsque retentirent les premiers coups de canon, je pensai que j'allais mourir à l'idée des victimes qui devaient tomber. » Et elle soupire : « Que dira l'Europe ? »

Enfin Nicolas peut rejoindre les siens. Il descend de cheval dans la cour intérieure du palais et déclare à un bataillon de sapeurs qui monte la garde : « Si j'ai vu aujourd'hui des traîtres, j'ai pu constater, d'autre part, une grande confiance de certains en l'autocratie et je m'en souviendrai toujours ! » Ayant ainsi remercié ses troupes, il gravit l'escalier qui conduit au salon bleu où se trouve sa famille. Alexandra tombe dans ses bras en pleurant. « J'avais devant moi un homme complètement transfiguré », dira-t-elle. Et en effet, ayant écrasé la révolte, Nicolas se sent tsar jusqu'à la moelle des os. Il n'hésitera plus jamais à imposer sa volonté. À partir de cette minute, il sait que Dieu est avec lui. Ayant grondé son fils de sept ans, Alexandre, qui se pend en pleurnichant aux jupes de sa mère, il exige qu'on passe à l'enfant son uniforme de hussard et se rend avec lui devant le bataillon des sapeurs de la Garde pour faire acclamer par eux l'héritier du trône.

Il est déjà sept heures du soir et toute la Cour attend, paralysée de crainte, la cérémonie religieuse à laquelle elle a été conviée. Affalés dans leurs fauteuils, des dignitaires cacochymes, des dames d'atour enrubannées s'interrogent sur le sort qui leur sera réservé par le nouveau souverain. Enfin, ils le voient paraître, colosse à la nuque raide et au regard d'acier, avec, à ses côtés, la frêle impératrice. Après une profonde révérence, les personnes présentes emboîtent le pas à Leurs Majestés. On se dirige vers la chapelle. Nicolas et Alexandra s'agenouillent devant l'autel. Les autres restent debout. Un bref service d'action de grâces célèbre le triomphe de l'empereur sur les forces du mal qui ont failli précipiter la Russie dans l'abîme. « J'étais complètement épuisée lorsque nous rentrâmes chez nous, écrira Alexandra. Je ne pouvais ni manger, ni dormir : très tard seulement, lorsque Nicolas m'eut assuré que tout était calme, je me couchai et je m'endormis, entourée de mes enfants. »

Nicolas, de son côté, ne songe pas à prendre de repos. Pour lui, l'affaire n'est pas terminée. Il veut vider l'abcès de façon radicale. Après avoir réprimé l'émeute, il lui reste à découvrir et à châtier les coupables. Dehors, aux carrefours importants et devant les monuments publics, des régiments campent autour des feux de bivouac. On se croirait dans une ville qui vient de capituler et dont les habitants se terrent dans leurs chambres. Des estafettes parcourent les rues noires, à cheval, portant des ordres. Les gendarmes fouillent les maisons, saisissent des papiers compromettants, arrêtent les suspects par dizaines. Le palais d'Hiver est une ruche bourdonnante où se pressent généraux et officiers d'ordonnance. Tous, même ceux qui doutaient des capacités de Nicolas, se dépêchent de manifester leur dévouement au nouveau maître de la Russie. Avant d'interroger en personne les prisonniers qu'on lui amène un à un, il griffonne quelques lignes à l'intention de son frère, resté à Varsovie : « Cher, cher Constantin, votre volonté est faite, je suis empereur, mais à quel prix, grand Dieu ! au prix du sang de mes sujets [1]. »

1. En français.

IV

LE PROCÈS

Trop excité pour remettre l'affaire au lendemain, Nicolas passe la nuit à interroger lui-même les responsables de l'émeute. C'est la folie française qui a débarqué dans la sage Russie. Quelques mois d'occupation à Paris ont suffi pour contaminer de fiers soldats, au-dessus de tout soupçon, et pour les transformer en vils comploteurs. Avec un mélange de rage et de ruse, de mépris et d'indignation, Nicolas essaie de deviner ce qui a bien pu pousser tant d'excellents officiers à se révolter contre lui. Car les hommes qui défilent sous ses yeux ne sont pas de vulgaires brutes révolutionnaires, mais les meilleurs, les plus nobles représentants de la jeune Russie. L'un des premiers que l'on introduit dans son bureau est le prince Chtchépine-Rostovski en grand uniforme, les épaulettes arrachées et les mains liées derrière le dos. Il a conduit en personne le régiment de Moscou sur la place du Sénat. Ceux de ses camarades qui sont restés fidèles au tsar ont procédé eux-mêmes à l'arrestation. Chtchépine-Rostovski ne comprend rien à ce qui lui arrive. Ignorant tout de la conspiration, il s'est cru obligé, en conscience, de défendre les droits de Constantin, souverain légitime. Nicolas juge aussitôt qu'il s'agit d'un comparse. Avec Michel Bestoujev-Rioumine, amené quelques instants plus tard, la situation s'éclaircit. Il avoue que le « dictateur désigné » est le prince Troubetzkoï. Ordre est donné d'arrêter celui-ci sur-le-champ et de s'emparer également de Ryleïev. Troubetzkoï, qui n'a pas rejoint les rangs des insurgés le 14 décembre, se cache chez son beau-frère, l'ambassadeur d'Autriche. On l'y découvre, et le voici, loque balbutiante, devant l'empereur. Il proteste de son innocence. Alors Nicolas lui montre un document, écrit de la main même du « dictateur désigné » et que l'on a trouvé au cours d'une perquisition, à son domicile : le programme des insurgés pour la journée du 14 décembre, avec le nom de ceux qui doivent prendre part au soulèvement et leurs attributions respectives. À la vue du papier, Troubetzkoï tombe à genoux devant le tsar, lui baise les mains et bredouille : « La vie, Sire, seulement la vie ! »

Assis devant deux guéridons, les généraux Levachov et Toll rédigent les procès-verbaux. Et le défilé continue. La nuit n'y suffit pas. On reprend le lendemain. Finalement, tous les conspirateurs sont dénichés et appréhendés. Écroués à la forteresse Saint-Pierre-et-Saint-Paul, ils comparaissent un à un devant Nicolas. Ce jeu cruel le passionne. Chaque cas est pour lui une révélation. Il est à la fois un inquisiteur et un comédien. Avec une froide astuce, il change de tactique selon l'adversaire qu'il désire confondre. Menaces et témoignages de sympathie alternent dans sa bouche. Il se promène bras dessus bras dessous dans le bureau avec l'insurgé Gangeblov et murmure : « Qu'avez-vous fait, mon petit ? Je suis sincère avec vous ; rendez-moi la pareille ! » Devant Michel Orlov, il adopte une autre attitude et hurle : « Connaissez-vous nos lois ? Savez-vous quel sort vous attend ? La mort ! » À Lorer, il dit d'un ton sifflant : « Vous vous refusez, sous de futiles prétextes, à dire tout ce que vous savez. Vous êtes un homme sans honneur, monsieur ! » Pour démoraliser Iakouchkine, il brandit la menace des peines éternelles : « Savez-vous ce qui vous attend dans l'autre monde ? Je ne veux pas votre perte définitive ! Je vous enverrai un prêtre ! Pourquoi ne me répondez-vous rien ? » À mesure qu'il avance dans la connaissance de ses ennemis, il se rend compte qu'ils appartiennent à un monde différent du sien. Mais, il y a parmi eux des aristocrates de haut vol : Odoïevski, Bariatinski, Volkonski, Chakhovskoï, Viazemski... Évidemment, même ceux qui ne sont pas nobles, dans cette clique de révoltés, ont des charges dans l'État et une culture très au-dessus de la moyenne. Au vrai, il semble qu'ils ont tous de la Russie une notion étrange. Ils n'ont pas été élevés par des gouverneurs germano-baltes comme Nicolas, mais par des Français, des jésuites, tel ce M. Nicole qui a fondé une célèbre institution scolaire, ou tels ces seigneurs aventureux, échappés à la Révolution et qui se sont improvisés précepteurs à Saint-Pétersbourg et à Moscou. De plus, il y a chez les mutins de nombreux officiers qui, lors de l'occupation de la France par les armées russes, se sont liés avec des intellectuels et des francs-maçons français. Mus par une avidité de néophytes, ils se sont nourris des Encyclopédistes, de Rousseau, de Montesquieu... Revenus en Russie, ils n'ont pu supporter que leur patrie soit encore le pays du servage, de la gabegie, de la surveillance policière et du knout. Ils ont rêvé d'une régénérescence de la nation à la lumière des lois occidentales. Au fur et à mesure qu'il progresse dans son enquête, Nicolas découvre le mécanisme d'une conspiration rampante. Très vite, les « mécontents » se sont répartis, selon leurs affinités, entre deux sociétés secrètes : l'Union du Nord, dirigée par le prince Troubetzkoï, puis par Ryleïev, où se retrouvaient principalement des officiers de la garde, et l'Union du Sud, qui, avec le colonel Paul Pestel à sa tête, rassemblait des officiers de l'armée cantonnée dans les districts méridionaux. La première, de tendance plutôt modérée, aurait accepté une monarchie constitutionnelle, la seconde était résolument attachée à l'idéal républicain. Entretenant entre elles des relations étroites, toutes deux prétendaient n'avoir en vue que le bonheur de leurs concitoyens et la grandeur de l'État.

Mis en présence de Nicolas, certains conjurés invoquent leur bonne foi pour se justifier. Mais la plupart perdent toute assurance, sous son regard glacial. Ils ont soudain conscience d'avoir commis un acte sacrilège en osant s'attaquer à un pouvoir autocratique béni par l'Église et qui, en deux siècles, a assuré le prestige de la Russie. Leur idéologie jacobine ne résiste pas à leur loyalisme atavique envers le tsar. Plus ils ont cru, hier, à la nécessité d'un changement radical dans la politique de l'Empire, plus ils ont horreur, aujourd'hui, de l'audace qui les a poussés à ce crime de lèse-majesté. Ils avouent leurs fautes, ils dénoncent leurs complices, ils adressent, de leur cachot, des lettres serviles à l'empereur pour implorer sa mansuétude. « M'étant confessé, écrit le prince Obolenski, j'ai désormais la conscience tranquille. Je tombe, Sire, à tes pieds et je te demande un pardon non pas terrestre mais chrétien. Juge suprême sur terre, punis-moi comme je l'ai mérité : père de tes sujets, regarde mon cœur et pardonne dans ton âme à ton fils prodigue. » Et Ryleïev : « Sire, je te confie mon destin. Je suis père de famille. Je ne demande qu'une faveur : sois miséricordieux avec mes camarades. » Et Nikita Mouraviev : « Sire, je sais que je n'ai aucun droit à votre miséricorde, mais ayez pitié de ma mère et de ma femme, faites-leur parvenir mes lettres... elles sauront au moins que je sais toute l'horreur de mon crime. » Le fier Pestel lui-même s'incline devant le général Levachov : « Je ne puis me justifier devant Sa Majesté. Je ne demande que grâce. Que l'empereur daigne faire usage en ma faveur du plus beau droit de sa couronne et Dieu m'est témoin que mon existence sera consacrée à une reconnaissance et à un attachement sans bornes pour sa personne sacrée et son auguste famille [1]. »

Nicolas jouit avec superbe de cette surenchère dans le repentir et l'abaissement. « Je serai indulgent, déclare-t-il à l'ambassadeur de France La Ferronnays, très indulgent, mais les chefs instigateurs du complot seront traités sans pitié et sans miséricorde... Je le dois à la Russie et à l'Europe, quoique mon cœur en soit déchiré. » S'il se laisse attendrir, de loin en loin, par les larmes d'un inculpé, il se ressaisit très vite et revient à son idée d'un châtiment exemplaire. « Kakhovski m'a parlé avec beaucoup de courage et de franchise, écrira-t-il dans ses mémoires. C'est un jeune homme plein d'amour pour la patrie, mais engagé dans la direction la plus criminelle. » Pestel, en revanche, lui paraît « un scélérat dans toute la force du terme, tel qu'on en trouverait rarement : expression du visage bestiale, audace arrogante dans ses dénégations ». Mouraviev, selon lui, est un vulgaire assassin, un monstre : « Il se traînait à mes pieds, demandant son pardon. » Serge Volkonski est qualifié d'imbécile, de menteur et de lâche : « Il ne répond à rien, paraît hébété, il se montre un spécimen affreux de misérable ingrat et d'homme stupide. »

L'entourage de Nicolas l'exhorte à la sévérité.

1. Lettres du 12 au 31 janvier 1826, insérées dans le grand recueil publié en Russie. *Le Soulèvement des Décembristes. Matériaux* (8 volumes). Cité par Constantin de Grünwald : *La Vie de Nicolas Ier*.

Sa mère exprime le vœu d'une sentence implacable, afin que les impudents « n'échappent pas à leur sort comme y ont échappé les assassins de Paul Ier ». Dans la haute société de Saint-Pétersbourg, nul n'ose plus afficher son amitié pour les jeunes coupables. Même leurs parents s'éloignent d'eux par peur des représailles. « Les pères m'amènent leurs fils, écrit Nicolas à Constantin ; tous veulent donner l'exemple et voir leur famille lavée de la honte. » Pour être sûr de ne laisser passer aucun « criminel » entre les mailles du filet, il s'entoure d'une commission d'enquête présidée par le grand-duc Michel et formée d'une dizaine de généraux au-dessus de tout soupçon. Ils sont, dans l'ensemble, encore plus décidés que lui à une répression inexorable. Chaque prisonnier, tiré de sa cellule glaciale, est amené devant eux, un sac sur la tête. Quand on lui retire ce sac, il découvre, ébloui par la lumière des candélabres, une rangée d'uniformes constellés de décorations. Il y a là, outre le grand-duc Michel, le général Diebitch, le général Tatichtchev, le général Levachov, le général Benkendorff... Quelle réunion extraordinaire pour un prévenu haillonneux et transi ! Devant tant d'apparat, il se sent vaincu d'avance. Pour la dixième fois, on lui pose les mêmes questions et, pour la dixième fois, il y répond, avec humilité, avec fatigue. Puis on le renvoie dans son trou à rats.

Au bout de six mois d'investigations, Nicolas estime que la commission d'enquête a terminé sa tâche. Les simples soldats émeutiers sont relégués dans des garnisons lointaines. Quelques hauts dignitaires, soupçonnés à tort de sympathies libérales, sont mis hors de cause. Enfin, cent vingt et un hommes se voient directement inculpés de crime contre la sûreté de l'État. Un décret impérial du 1er juin 1826 institue pour les juger un Tribunal suprême. Tous les membres du Conseil d'Empire, du Sénat, du Saint-Synode, tous les ministres entrent dans cette haute juridiction. « Jamais encore, écrit Benkendorff, la Russie n'avait connu de cour judiciaire mieux faite pour inspirer confiance et munie d'une plus grande indépendance. » En réalité, il n'y a pas à espérer de clémence, ni même d'impartialité de la part d'une assemblée désireuse, avant toute chose, d'étonner l'empereur par son dévouement au trône. Elle poursuit ses travaux en secret, sans même inviter les accusés à présenter leur défense. Le bruit court que Michel Speranski, le meilleur juriste de la Russie, étudie des grimoires du Moyen Âge afin d'y découvrir un précédent légal aux mesures d'exception exigées par le tsar. Les prévenus doivent être répartis en plusieurs classes selon l'importance de leur forfait. Au bout d'un mois, le Tribunal suprême rend son verdict. Seuls cinq criminels « hors catégories » sont condamnés à la pendaison : Pestel, Ryleïev, Kakhovski, Bestoujev-Rioumine et Serge Mouraviev-Apostol ; une vingtaine de coupables de moindre importance sont passibles du bagne à perpétuité ; les autres s'en tirent avec des peines allant de vingt ans de bagne à la simple dégradation.

Dans la haute société russe, c'est la consternation et l'épouvante. Certains chuchotent que, la peine de mort ayant été mise hors d'usage sous le règne d'Élisabeth Iʳᵉ, la fille de Pierre le Grand, Nicolas a eu tort de la rétablir. D'autres pensent que le tsar, au dernier moment, pardonnera aux conspirateurs et se contentera de les exiler à l'étranger. Nicolas lui-même sait qu'il risque de se rendre impopulaire en faisant appliquer la sentence dans toute sa rigueur. Et pourtant, il est persuadé que seul un châtiment terrible, large et infamant peut éviter à la Russie le retour de la folie révolutionnaire. « La révolution est aux portes de l'Empire, a-t-il déclaré naguère à son frère Michel, mais je jure qu'elle n'y pénétrera pas tant que j'aurai un souffle de vie. » Et il écrit à l'impératrice mère : « Le verdict a été prononcé, ma chère et bonne maman. Il est difficile de vous exprimer ce qui se passe en moi : c'est comme si j'étais secoué d'une fièvre dont je ne pourrais définir la raison. Il s'y ajoute un sentiment d'angoisse extrême, en même temps de gratitude envers Dieu qui nous a permis de mener cet horrible procès jusqu'à sa fin. La tête me tourne. On me bombarde de lettres dont les unes sont désespérées, d'autres écrites dans un état proche de la folie. Seule la notion d'un devoir terrible me permet de supporter un pareil martyre. » À la veille de l'exécution, il soupire encore : « Je ne puis penser à cette journée terrible sans en frémir d'avance. » De son côté, Marie Fedorovna confie au prince Alexandre Golitzine : « Je dois consacrer cette journée à la solitude et à la prière : c'est mon devoir sacré... Si je sortais un jour pareil, ce serait une offense portée à l'affliction publique. »

Le matin du 13 juillet 1826, les condamnés sont tirés de leurs cellules et amenés sur l'esplanade de la forteresse Saint-Pierre-et-Saint-Paul. Le ciel est bas et brumeux. Cinq gibets se dressent sur les remparts. Des détachements de tous les régiments de la garnison bordent l'espace libre. Sur l'ordre du général Tchernychev, un aide de camp lit l'énumération des peines. Puis, les condamnés s'agenouillent. On leur arrache leurs épaulettes, leurs décorations. Le bourreau brise leurs épées au-dessus de leurs têtes. On les habille de camisoles rayées de gris et de blanc. Certains sont si grotesques dans cet accoutrement que leurs camarades éclatent de rire. Furieux, Tchernychev les renvoie dans la forteresse, en attendant leur départ pour la Sibérie.

Ne demeurent sur place que les cinq hommes qui doivent subir la peine capitale. Comme il n'y a pas de bourreau spécialisé en Russie, on en a fait venir un de Suède. Mais les menuisiers n'ont pas terminé leur travail. La trappe, sous la potence, fonctionne mal. Pendant de longues minutes, les cinq condamnés à mort attendent la mise au point de la machine à tuer. Lorsque tout est prêt, un prêtre s'avance vers eux, leur parle à voix basse, les bénit et leur donne la croix à baiser. Il est remplacé par les aides du bourreau qui leur lient les mains derrière le dos, leur enfoncent une cagoule sur la tête et leur accrochent sur la poitrine un écriteau : « Régicide. » Les voici enfin alignés, la boucle au cou. Mais, quand le bourreau ouvre la trappe à leurs pieds, trois des cinq cordes cassent sous le poids des corps. Pestel, Bestoujev-Rioumine restent pendus, alors que Ryleïev, Kakhovski et Mouraviev-Apostol basculent dans le vide et se brisent les jambes. Or, on n'a pas prévu de cordes de rechange. Où en trouver ? Toutes les boutiques sont fermées. Des émissaires courent de droite et de gauche. Pendant ce temps, la musique militaire joue avec fracas pour faire patienter l'assistance. Au bout d'une demi-heure enfin, des cordes neuves sont fixées au gibet et on repasse le nœud coulant au cou des trois survivants. Avant de mourir, l'un d'eux grogne : « Malheureux pays où l'on ne sait même pas pendre ! » Cette fois, les cordes tiendront bon.

Réfugié à Tsarskoïé Selo, Nicolas attend avec anxiété des détails sur le déroulement de la cérémonie. Un rapport circonstancié lui parvient à la fin de la matinée. L'ayant lu, il se dirige, le visage sombre, vers la chapelle et s'abîme dans les prières. Puis il écrit à sa mère, l'impératrice Marie Fedorovna : « Les détails de l'exécution, aussi terrible qu'elle fût, ont convaincu tout le monde que ces êtres endurcis ne méritaient pas un autre sort. Presque aucun d'entre les condamnés au bagne ne s'est repenti. Les cinq condamnés à mort ont manifesté beaucoup plus de repentir, surtout Kakhovski. Ce dernier a dit avant de mourir qu'il priait pour moi. »

Reste à savoir comment le pays acceptera les

effets de la justice sur la tête des coupables. Verra-t-il dans ces condamnations la preuve de l'autorité quasi divine dont dispose le monarque ? Ou, saisi de pitié et de colère, s'insurgera-t-il contre un empereur qui, dès ses premiers pas, se conduit en tyran ? Nicolas craint des troubles dans Saint-Pétersbourg et invite ses généraux à se montrer vigilants. Mais les heures s'écoulent et tout paraît calme dans la capitale comme en province. Le sursaut des insurgés de décembre, qu'on nomme déjà « les Décembristes », n'a pas ébranlé les fondements de la population. Si quelques familles de la haute société pleurent l'égarement d'un des leurs, la masse se soumet sans murmurer à l'omnipotence du nouveau tsar. Décidément, la disposition ancestrale du peuple russe au fatalisme l'incline, mieux encore que la religion, à la résignation et à l'obéissance. Rassuré, Nicolas décide de se montrer magnanime envers les proches de ses ennemis. « Tout est fini, écrit-il au prince Alexandre Golitzine. Restent les veuves. C'est vous, mon cher, que je charge de ce dont vous vous chargerez, j'en suis bien sûr, avec plaisir. Faites-moi savoir des nouvelles de la pauvre Ryleïev et dites-lui que je lui demande qu'elle dispose de moi en toute occasion, et j'espère qu'elle ne me refusera pas de m'informer toujours de ce dont elle peut avoir besoin. De même, sachez [*sic*], je vous prie, ce que font la Mouraviev Nikita et la Troubetzkoï. Que Dieu soit béni de ce que tout soit fini [1]. »

1. Lettre en français.

Le lendemain de l'exécution, il rentre à Saint-Pétersbourg et assiste à un service d'action de grâces sur la place du Sénat. Une foule immense se presse pour l'acclamer. Tout le clergé de la cathédrale Notre-Dame-de-Kazan est là. Le métropolite passe devant les troupes de la Garde et les asperge d'eau bénite. Dans un ordre du jour aux armées, le tsar proclame : « Sur cette même place où vous étiez prêts, avec joie, à verser votre sang et à sacrifier votre vie pour votre empereur, sur cette même place où fut tué l'inoubliable comte Miloradovitch, nous offrons notre gratitude à Dieu pour nous avoir aidés à sauver l'Empire. » Agréablement touché par ce spectacle à la fois mystique et militaire, Lebzeltern écrit à Metternich : « Cette idée de terminer un procès de haute trahison par une cérémonie religieuse est belle et heureuse. Il n'y a pas de doute que cette solennité produise une profonde impression sur un peuple qui tient fortement à sa croyance et l'effet n'en sera pas perdu, même sur les classes élevées [1]. »

Dans la soirée, un premier convoi de prisonniers quitte, les fers aux pieds, la forteresse Saint-Pierre-et-Saint-Paul à destination de la Sibérie. Les rustiques télègues, escortées de gendarmes, traversent la ville assoupie. Cependant, dans le palais du prince Kotchoubeï, les fenêtres brillent de mille feux. On y donne une fête. Ceux qui dansent là, sous les lustres, sont les camarades, les amis, les parents des Décembristes.

1. Lettre du 14 (26) juillet 1826.

Tout heureux d'avoir échappé à la conspiration, ils ne songent qu'à oublier, dans la musique, le bavardage et l'intrigue, le sort des malchanceux que leur folie généreuse a conduits au bagne [1]. Peut-être la Russie avait-elle besoin de cette purge pour retrouver la santé ? Toutes craintes apaisées, l'impératrice mère écrit au prince Alexandre Golitzine : « Grâce à Dieu, tout s'est bien passé. L'ordre a régné. Que Dieu pardonne à ceux qu'on exécute et que le juge suprême leur soit miséricordieux. J'ai remercié le Seigneur à genoux. Je crois que, grâce à la bonté du Seigneur, Nicolas régnera désormais paisiblement. »

1. Quelques femmes de Décembristes, dont les princesses Troubetzkoï et Volkonski, recevront l'autorisation de rejoindre leurs maris en Sibérie. Là-bas, le sort des exilés sera considérablement adouci par la bienveillance du commandant du bagne, le vieux général Leparski.

V

LES TURCS

Le 24 juillet 1826, onze jours après l'exécution publique des Décembristes, Nicolas fait son entrée solennelle à Moscou, la vieille cité où se déroule traditionnellement le sacre des tsars. Les régiments de la Garde, alignés sur le parcours du palais suburbain Petrovski où il est descendu, jusqu'au Kremlin où il se rend en grande pompe, présentent les armes. Toutes les maisons sont pavoisées. Le canon tonne. Les cloches sonnent. La foule s'écrase et hurle de joie au passage de l'empereur. La nuque raide, le regard fixe, il monte un cheval blanc. Une suite brillante l'entoure. Derrière lui, dans des carrosses dorés, apparaissent sa mère, son épouse et le grand-duc Alexandre, héritier du trône. Après les heures tragiques de l'émeute, l'enthousiasme populaire flatte l'orgueil de Nicolas et le persuade qu'il a eu raison d'accepter le sceptre. Comme pour le renforcer dans cette idée, le grand-duc Constantin arrive, lui-même, à Moscou. La rencontre donne lieu, de part et d'autre, à des effusions de tendresse et à des protestations de fidélité. En venant dans la ville du couronnement, Constantin témoigne, aux yeux du pays tout entier, qu'il a bien renoncé à ses droits légitimes et que c'est avec son consentement que son frère cadet monte sur le trône. Les jours suivants sont consacrés à des revues militaires auxquelles assiste le corps diplomatique au complet. Le petit tsarévitch Alexandre (sept ans et demi) caracole élégamment devant le front des troupes, ce qui bouleverse de fierté toute la famille. Nicolas dit au maréchal Marmont, envoyé spécial du roi de France Charles X : « Vous imaginez que j'éprouve de l'agitation et de l'inquiétude en voyant cet enfant, qui m'est si cher, dans un pareil mouvement ; mais j'aime mieux m'y soumettre pour lui former le caractère et l'accoutumer de bonne heure à être quelque chose par lui-même [1]. »

Le couronnement, retardé par suite d'une indisposition de l'impératrice Alexandra Fedorovna, a lieu, superbement, le 22 août 1826, dans l'enceinte du Kremlin. Les coupoles des quatre vieilles cathédrales brillent sous un soleil radieux. Des draperies rouges à franges d'or décorent les barrières qui contiennent la foule. Six mille invités, parmi lesquels des princes étrangers, des ambassadeurs, des généraux, des dignitaires, des notables, se pressent sur les gradins. Lorsque l'empereur paraît, donnant le bras à son épouse, un hourra frénétique s'échappe de toutes les poi-

1. *Mémoires* du maréchal Marmont, duc de Raguse.

trines. « Rien ne peut égaler le sentiment d'enthousiasme, je dirai presque de terreur sacrée dont je fus saisi pendant la cérémonie du couronnement, note l'écrivain Sollogoub dans ses *Souvenirs*. Seul Jupiter, descendant de l'Olympe, aurait pu être comparé en ce moment à l'empereur Nicolas. » L'archevêque Philarète, à la tête d'un nombreux clergé, accueille les souverains sur le parvis de la cathédrale de l'Assomption. Et la cérémonie commence, interminable et somptueuse, avec ses chants, ses nuages d'encens et ses rites étranges, hérités de l'ancien temps. Après la lecture des Évangiles et la remise au souverain de la couronne qu'il pose sur sa tête, du sceptre qu'il saisit fermement dans sa main droite, du globe qu'il prend dans sa main gauche, le métropolite plonge un rameau d'or dans le saint chrême, procède à l'onction sur le front, les paupières, les narines, les lèvres, les oreilles, la poitrine et les mains du grand récipiendaire, qui aussitôt devient l'élu de Dieu. Lors de la prestation de serment au nouveau tsar, Marie Fedorovna s'avance la première pour s'incliner devant son fils, mais il prévient son geste et lui demande sa bénédiction. Constantin, à son tour, veut fléchir le genou devant son frère, mais celui-ci l'en empêche et l'embrasse.

Quand enfin Nicolas, couronne en tête et manteau de pourpre doublé d'hermine sur les épaules, sort de l'église et se montre au peuple sur les marches du grand escalier de parade, une vocifération hystérique le salue, l'artillerie tire des salves, les carillons de mille cloches ébranlent les vieux murs de la ville. Songeant aux Décembristes qu'il a si durement châtiés, il savoure son triomphe, se penche vers Benkendorff et lui dit à mi-voix : « Qu'on leur enlève les fers. » Benkendorff opine de la tête. Immédiatement, des courriers partent pour la lointaine Sibérie, avec ordre de libérer de leurs chaînes les insensés qui ont osé naguère se dresser contre le tsar. Un train de mesures de grâce est déjà à l'étude : les condamnés à perpétuité verront leur peine réduite à vingt ans ; les autres sanctions seront également allégées. Même les réprouvés doivent être heureux en ce grand jour !

Pendant une semaine entière, les fêtes se succèdent dans la haute société moscovite. Ce ne sont que bals, banquets, réceptions officielles. Chacun essaie de surpasser le voisin par l'éclat de son hospitalité. « Nous sommes abîmés de bals ; je serai content d'en voir la fin », confie Nicolas à un de ses proches. Et Benkendorff écrit à Michel Vorontsov : « Tout le monde s'est ranimé : la gaieté reprend ses droits et se venge de ces années perdues pour son culte. La jeunesse se remet à la danse et s'occupe déjà beaucoup moins de l'organisation de l'État, de la politique des deux mondes et des rêves de la mysticité [1]. »

À ces élégantes réjouissances seigneuriales répondent les débordements de la liesse populaire. Les foules obscures sont conviées à une gigantesque fête foraine sur le champ Dievitchié :

1. Lettre en français.

ballons captifs, danseurs de corde, balançoires et festin copieux servi pour deux cent mille personnes. Nicolas, à cheval, fait le tour de l'assistance, accompagné de sa famille en voiture. Devant ses sujets émerveillés, il déclare d'une voix ferme : « Mes enfants, tout ceci est à vous ! » Il n'en faut pas plus pour qu'après son départ ce soit la ruée. En un clin d'œil, les tables sont assaillies, les réserves de nourriture dévalisées, les fontaines de vin asséchées, les tentures déchirées, les fragiles pavillons de planches et de carton démolis, piétinés. Les Cosaques doivent intervenir à coups de knout pour disperser les pillards et les ivrognes. Pour faire oublier ces désordres, on tire un feu d'artifice de cent quarante mille fusées. Elles illuminent un arc de triomphe, dont le fronton s'orne de l'inscription suivante : « À Nicolas Ier, pacificateur de la patrie. »

Dans un esprit de réconciliation avec les milieux intellectuels, Nicolas a décidé de rappeler à Moscou le poète Pouchkine, que l'empereur Alexandre Ier avait jadis assigné à résidence dans ses terres de Mikhaïlovskoïe, non loin de Pskov. Or, Pouchkine compte de nombreux amis parmi les Décembristes. Il a écrit naguère des vers subversifs qui lui ont valu la méfiance des autorités. Brusquement tiré de son exil, il arrive tout moulu, tout crotté, devant Nicolas qui lui demande à brûle-pourpoint : « Aurais-tu pris part au soulèvement du 14 décembre si tu avais été à Saint-

Pétersbourg ? — Sans nul doute, Sire, réplique Pouchkine. Tous mes amis étaient du complot ; il m'eût été impossible de leur fausser compagnie. Seule mon absence m'a sauvé et j'en remercie Dieu. » La spontanéité de cette réponse flatte l'esprit chevaleresque de Nicolas. Il considère avec amusement ce petit homme aux cheveux crépus, au teint basané, à la lippe épaisse, qui ne craint pas de lui parler avec franchise. « Es-tu décidé à changer d'idées ? lui demande-t-il encore. Me donnes-tu ta parole d'honneur de modifier ta conduite si je te rends la liberté ? » Incapable de renoncer à une telle aubaine, Pouchkine, à contrecœur, serre la main que lui tend l'empereur. « Tu as assez fait de sottises, conclut Nicolas. J'espère que tu seras plus sage à présent et que nous ne nous querellerons plus. Tu m'enverras tout ce que tu écris. Désormais, c'est moi ton censeur. » Encore tout abasourdi, Pouchkine se laisse conduire par l'empereur dans la salle voisine, qui est pleine de courtisans en uniforme. Nicolas leur déclare avec bonhomie : « Messieurs, voici le nouveau Pouchkine. Oubliez l'ancien [1]. »

Cette mansuétude apparente n'empêche pas le tsar d'être obsédé par le souvenir des événements qui ont ensanglanté la journée de son accession au trône. Il se demande s'il a bien extirpé les der-

1. La conversation entre l'empereur et Pouchkine est rapportée d'après les documents suivants : récit du frère de Pouchkine à Lorer, récit de Pouchkine à Khomoutova, étude de Grot, récit de l'empereur lui-même au baron Korff.

nières racines du mal. Par moments, il lui semble que son entourage même n'est pas exempt de sympathies libérales. En rentrant à Saint-Pétersbourg, il se fait remettre un document richement relié, enfermé dans un écrin à serrure et contenant une liste de cinq cent soixante-dix personnes impliquées, de près ou de loin, dans le complot. Ces hommes-là ne sont coupables qu'en pensée. Ils ne sont pas à châtier, mais à surveiller. L'idéal, pour Nicolas, serait que la Russie devînt une vaste caserne, où tout serait réglementé, les gestes, les rêves, le costume. « Je n'admets pas qu'un seul de mes sujets ose ne pas marcher dans mon sens sitôt que ma volonté précise lui est intimée », note-t-il en marge d'un rapport en 1826. Il rappelle sévèrement à l'ordre les gouverneurs de province, qui, par négligence, n'appliquent pas les dernières décisions du Sénat. Il confie à un Comité secret l'étude des nombreux projets laissés en suspens sous le règne d'Alexandre Ier. Il ordonne de codifier les lois et veille personnellement à la réorganisation de la police. Plusieurs hauts dignitaires, dont le tout-puissant Alexis Araktcheïev, sont frappés de disgrâce. D'autres voient s'ouvrir devant eux une carrière inespérée. Malgré le peu d'expérience du nouvel empereur, tous tremblent devant les manifestations de sa volonté tatillonne et despotique. Les plus petits détails de la vie courante lui paraissent dignes d'être examinés et fixés une fois pour toutes. Entre janvier et août 1826, des dizaines de décrets voient le jour, concernant l'habillement de l'armée et de certains civils.

Après avoir remplacé par le pantalon la culotte courte de ses grenadiers et de ses artilleurs, après avoir changé le nombre de boutons sur leurs tuniques, Nicolas, entraîné par son souci de la discipline vestimentaire, impose l'uniforme aux professeurs, aux étudiants, aux ingénieurs, aux fonctionnaires, et même, à partir de 1831, à tous les nobles. Seuls les militaires ont droit au port de la moustache, qui doit être obligatoirement noire (quitte à la faire teindre) ; les employés de l'administration civile sont priés d'avoir la lèvre supérieure rasée. Le frac est mal vu : il est le symbole du républicanisme européen. Encore quelques années, et le tsar proscrira les chapeaux gris et la barbe « à la française ». La moindre infraction à ce code de la tenue extérieure est considérée comme un acte d'insubordination.

Les diplomates étrangers sont unanimes à reconnaître que le jeune empereur dirige son pays d'une main ferme. « Rien de plus imposant que sa personne, écrit le maréchal Marmont. Il y a dans son regard et son maintien une autorité impossible à dépeindre. Quand il est hors de son cabinet, avec son chapeau sur la tête, personne, je pense, n'éprouve la tentation de se trouver sur son chemin... Mais, dans le tête-à-tête, la politesse est exquise. » Le représentant autrichien, le comte Zichy, renchérit : « Il développe une grande force de caractère, il a d'immenses moyens à sa disposition. » Et le comte Ficquelmont : « S'il était bien secondé, il ferait parler de lui, car il ne fera pas les choses à demi. En politique, il est neuf, il se méfie de lui-même et des autres, avec lui, il faut suivre le chemin droit [1]. » Cependant, Custine note avec perspicacité : « Sa Majesté serait aussi grande qu'elle le veut paraître si elle était moins préoccupée de l'idée qu'on va lui manquer de respect. » Et une demoiselle d'honneur, Mlle Tioutcheva, critiquant le goût excessif du tsar pour les défilés militaires, le qualifie ironiquement de « paradomane [2] ». En tout cas, la plupart de ses interlocuteurs, qu'ils soient russes, français, allemands, autrichiens, anglais, subissent le charme glacial et empesé de ce géant. Lui, a une ambition secrète : égaler Pierre le Grand dans l'énergie farouche, la décision tranchante, les éclairs de divination et le goût des réformes. Mais, sous des dehors extravagants, son illustre ancêtre possédait une étincelle de génie. Aura-t-il, lui aussi, la chance de passer aux yeux de la postérité pour un tsar qui a transformé son pays de fond en comble ou ne sera-t-il, comme il le dira un jour, dans un accès de fausse modestie, à M. de La Ferronnays, qu'« un simple général de brigade » sur le trône du plus grand pays d'Europe ?

En tout cas, il est résolu à donner, à chaque occasion, le pas aux militaires sur les civils. Ses ministres ne le voient qu'une fois par semaine. Ce sont les généraux de sa suite qui forment le vrai gouvernement. Il les charge des missions les plus diverses. Qu'il s'agisse de réprimer une révolte

1. Cf. Constantin de Grünwald, *La Vie de Nicolas Ier*.
2. Cf. Jocelyne Fenner, *Nicolas Ier*.

paysanne, d'instruire un dossier délicat ou de mener à bien une négociation diplomatique, l'homme de confiance est toujours un officier avec les initiales de l'empereur brodées sur ses épaulettes. « Mon plus grand plaisir, confie Nicolas au baron de Bourgoing, c'est de parler à mes soldats que j'aime, de m'informer de leurs besoins, de m'assurer de leur instruction ou de leurs progrès. Rien ne m'intéresse autant [1]. » Et le comte Zichy écrit à Metternich : « L'occupation principale de l'empereur est toujours le métier militaire qui absorbe plus des trois quarts de sa journée. » Malgré les multiples soucis de sa charge, Nicolas ne manque pas une parade. Faire manœuvrer ses troupes est son délassement favori et presque sa raison d'être. Excellent cavalier, il aime caracoler en public, car il sait que les plus fins connaisseurs admirent son art de l'équitation. Lorsqu'il jette un ordre, sa voix sonore glace le sang dans les veines des soldats, qui obéissent comme des automates. Il les a d'ailleurs répartis lui-même entre les différents régiments de la Garde, d'après leur taille, leur physionomie et la couleur de leurs cheveux. S'ils étaient tous faits sur le même moule, il serait le plus heureux des souverains. « Il est impossible de montrer une armée sous des dehors plus séduisants », écrit M. de La Ferronnays. Et le maréchal Marmont note, de son côté : « Je n'ai jamais vu personne manier avec plus de facilité des troupes considérables. »

1. Baron de Bourgoing, *Souvenirs d'histoire contemporaine.*

Cependant cette armée, admirable en temps de paix, comment va-t-elle se comporter à la guerre ? Cette question préoccupe d'autant plus Nicolas que la Perse, poussée par les Anglais et richement soudoyée par la Compagnie des Indes, vient d'envahir plusieurs provinces du Caucase. « Cette malheureuse affaire m'est insupportable comme un pénible hors-d'œuvre [1] », écrit-il à son frère Constantin. Les troupes, dans cette région lointaine, sont sous les ordres du débonnaire général Ermolov. Héros des guerres napoléoniennes, il est néanmoins mal vu dans l'entourage de l'empereur à cause de ses idées libérales. On dit même qu'il a une inclination de cœur envers les Décembristes. Furieux de son inaction en face des hordes persanes, Nicolas envoie sur place le général Paskevitch, avec mission d'épauler Ermolov, puis de le remplacer. « Il [Ermolov] ne fait rien, à croire que les Persans sont inattaquables, écrit Benkendorff. Il craint les Géorgiens, les Arméniens, il craint tout le monde après avoir tout exaspéré. En attendant, l'indiscipline fait des progrès dans son armée. Le pauvre Paskevitch ne peut y remédier. Les vaisseaux persans se promènent dans la mer Caspienne ; nos forteresses ne sont pas approvisionnées et nos soldats sont mal vêtus [2]. » Peu à peu, Paskevitch, habile stratège, reprend les

1. En français.
2. Lettre en français au comte Vorontsov du 17 janvier 1827.

troupes en main et renverse la situation. En trois mois, les riches provinces de la Transcaucasie sont conquises, l'armée d'Abbas-Mirza anéantie, les places d'Élisabethpol et d'Abbas-Abad enlevées... « En recevant la nouvelle de la victoire que vous avez remportée, la première de mon règne, je l'accueille comme un signe évident de la grâce de Dieu envers nous », écrit Nicolas au général vainqueur. Là-dessus, Paskevitch entre en triomphateur à Erevan où il s'empare d'un important parc d'artillerie et d'énormes dépôts de vivres. « Je m'empresse de déposer à vos pieds, Sire, les clés de cette célèbre forteresse, mande-t-il au tsar. Sa garnison entière et ses principaux chefs sont faits prisonniers. Les habitants reconnaissants, délivrés de leur prétendu défenseur et de leurs cruels agresseurs, passent à la domination russe. »

Le 10 février 1828, la Perse signe enfin le traité de Tourkmantchaï par lequel la Russie obtient les provinces d'Erevan et de Nakhitchevan [1], le droit exclusif de maintenir une flotte de guerre en mer Caspienne et une contribution de vingt millions de roubles. Cette paix, si favorable pour les Russes, produit, selon l'expression de Benkendorff, « l'effet d'un coup de massue » dans le monde diplomatique. Ce premier succès ne va-t-il pas inciter le jeune souverain à s'attaquer à la Turquie ? Entre-temps, la Russie a signé, à Londres, avec l'Angleterre, un protocole reconnaissant le droit

1. Erevan, actuelle capitale de la république d'Arménie ; Nakhitchevan, actuelle capitale de la république d'Azerbaïdjan.

de la nation grecque à l'autonomie. Le 6 juillet 1826, ce protocole, auquel se joint la France, devient une convention internationale. Trois mois plus tard, la victoire navale de Navarin, remportée par les escadres russe, anglaise, et française sur la flotte du pacha d'Égypte, féal de la Turquie, consacre la naissance de la Grèce libre.

Encouragé, Nicolas revient au vieux rêve russe d'une percée vers les États du Moyen-Orient. Depuis le XVe siècle, la Russie vit dans l'idée que « Moscou l'orthodoxe » est destinée à devenir, après Rome et Constantinople, la troisième Rome de la chrétienté. Pour ne pas faillir à cette mission, elle doit ravir aux Ottomans la cathédrale Sainte-Sophie, à Constantinople, et commencer par accéder aux rivages longtemps convoités de la mer Noire. Ce plan d'expansion a été poursuivi, avec des fortunes diverses, par Pierre le Grand et Catherine II. Nicolas Ier se considère comme l'héritier d'une « croisade », qui, à ses yeux, se justifie religieusement, géographiquement et historiquement.

Le 3 mars 1828, il proclame sa décision irrévocable de faire occuper par ses troupes les principautés danubiennes [1]. Quelques semaines plus tard, l'armée russe entre en campagne, le grand-duc Constantin désapprouve cette expédition. Tous espèrent que, devant le déploiement des forces russes, le sultan se résignera à baisser pavillon.

1. Ensemble de territoires (Transylvanie, Moldavie, Valachie) qui forment la Roumanie actuelle.

Nicolas lui-même écrit à son beau-frère, le prince d'Orange : « Au moment où les plénipotentiaires turcs se présenteront, je ferai halte. » Mais aucun émissaire du sultan ne se manifeste. Résolu à jouer le tout pour le tout, l'empereur quitte Saint-Pétersbourg afin de se mettre à la tête de ses troupes. L'impératrice Alexandra sollicite l'autorisation de le suivre dans cette campagne. Il s'y oppose catégoriquement, mais accepte qu'elle se rende à Odessa. Là, elle pourra prendre des bains de mer pour le rétablissement de sa santé, car elle se dit souffrante. Nicolas promet de lui rendre visite entre deux batailles. L'impératrice Marie Fedorovna, elle, doit rester à Saint-Pétersbourg et veiller sur le jeune grand-duc héritier.

Le 7 mai 1828, le tsar franchit le pont qui enjambe le Prout [1] et se dirige, avec son armée, sur Braïla. Depuis Pierre le Grand, il est le premier souverain russe à fouler le sol de l'Empire ottoman. Une suite nombreuse et joyeuse l'accompagne. C'est, pour les diplomates européens, une partie de plaisir. Nesselrode écrit à sa femme, le 29 juin 1828 : « Si la société de Saint-Pétersbourg ne sait où se réunir le soir, celle du camp n'est nullement embarrassée. Nous avons plusieurs maisons ouvertes... Quant à la conversation, je te défie d'en trouver une plus agréable : c'est, du matin au soir, un feu roulant, non interrompu, de saillies, de bons mots, de choses aimables et même de mysti-

1. Affluent du Danube, qui forme une frontière naturelle entre la Russie et les principautés danubiennes.

fications. » Et, le 1er septembre, devant Varna, le même Nesselrode confie à sa correspondante : « Benkendorff m'a appelé pour voir un engagement de cavalerie avec un parti turc qui a fait une sortie. On est ici comme aux premières loges (avec les tentes sur les hauteurs d'une colline et l'armée à ses pieds) ; c'est vraiment un spectacle unique [1]. » Ambassadeurs, princes étrangers, hauts dignitaires, généraux, toutes les personnes présentes reconnaissent la superbe aisance de l'empereur dans le commandement de l'armée. « Sa Majesté l'empereur commandait en personne tous les mouvements et les troupes les exécutaient avec une précision qui n'aurait pu être plus parfaite aux manœuvres de Krasnoïé Selo, écrit le comte Blome, ambassadeur du Danemark. Le calme et la tranquillité avec lesquels Sa Majesté donnait des ordres étaient admirables, dignes du général le plus consommé... Chaque jour ajoute à la haute opinion que, dès le moment de son avènement au trône, ce souverain a su inspirer de son caractère, de ses moyens, de ses talents [2]. » Un témoin oculaire, Doubetski, trace, de son côté, ce portrait du tsar conquérant sur le théâtre des opérations : « Âgé de trente-deux ans, grand, élancé, la poitrine large, il avait les mains longues, l'ovale du visage allongé, le front pur et dégagé, le nez romain et une voix bien timbrée, proche du ténor, mais une diction quelque peu précipitée... Tout, en

1. Cf. Constantin de Grünwald, *op. cit.*
2. Lettre en français du 12 juillet 1828.

lui, à commencer par la fraîcheur du teint, témoignait d'une santé de fer et indiquait que sa jeunesse n'avait pas été tendre et que sa vie était faite de fermeté et de modération. Au physique, il éclipsait tous les généraux, tous les officiers qu'il m'a été donné de voir dans l'armée [1]. »

Pendant quelque temps, Nicolas peut se croire sur un champ de manœuvres. Tout lui réussit. En six semaines, six places fortes, en aval de Silistrie, tombent aux mains des Russes. Mais, aussitôt après, l'horizon s'obscurcit. L'approvisionnement est retardé par le mauvais état des routes, on manque d'eau potable, des épidémies de peste et de typhus déciment la troupe épuisée et démoralisée par une campagne dont l'utilité échappe aux combattants. Il devient indispensable de regonfler les effectifs. Ordre est donné à la Garde impériale de se rendre sur le front. Mais il lui faudra traverser toute l'étendue de l'Empire avant d'arriver devant Varna. Dans l'attente des renforts, l'armée piétine. Un grave différend oppose, au quartier général, le commandant en chef, le prince Wittgenstein, et le général Diebitch, conseiller personnel de l'empereur. Chacun de ces deux chefs a son plan pour la suite des opérations et n'en veut pas démordre. Nicolas donne raison à Diebitch et décide d'investir simultanément Varna, Silistrie et Choumla. Entreprise ambitieuse alors que l'armée russe, inférieure en nombre, se bat loin de ses bases de ravitaillement et que des parti-

1. Doubetski : *Souvenirs*.

sans fanatiques, acquis à la cause musulmane, harcèlent les envahisseurs orthodoxes, dès que ceux-ci tentent de se déplacer : « Il existe dans l'armée russe un très grand mécontentement, écrit La Ferronnays au duc de Mortemart. Nul enthousiasme pour la guerre. À entendre plusieurs officiers supérieurs, elle serait faite uniquement pour détourner l'attention des bons patriotes russes... On ne nous paie pas et l'on nous envoie égorger des Turcs et ruiner des Valaques, disent-ils [1]. » Et Benkendorff reconnaît lui-même qu'à l'arrière cette guerre lointaine n'est pas comprise : « À l'étonnement général, écrit-il dans un rapport, les masses populaires n'ont pas fait preuve de l'enthousiasme qu'on attendait d'elles... Le départ de l'empereur pour les armées a accru le mécontentement. Tous les partis se plaignent unanimement que le souverain soit soumis aux vicissitudes de la guerre et d'un climat malsain, sans penser à l'héritier mineur et au danger que pourraient courir, en cas de malheur, son destin et celui de l'État entier. »

Peu à peu, Nicolas lui-même se sent gagné par l'inquiétude. Cette guerre, commencée dans la joie et l'orgueil, avec des troupes fraîches, des uniformes neufs, des visages riants, lui apparaît soudain comme un inutile carnage. Il y a, dans les rangs de l'armée, dix fois plus de malades que de blessés. Les soldats sont hâves, débraillés, ils n'ont même plus la force de crier hourra sur le passage du tsar. On est loin des brillantes parades

1. Lettre du 7 juillet 1828.

de la capitale. Devant le spectacle de cette déchéance, Nicolas est obligé de reconnaître que, s'il aime l'ordonnance des défilés militaires, il supporte difficilement l'horreur des champs de bataille. La vue du sang et de la sanie, l'odeur des cadavres lui soulèvent le cœur. Une réflexion de son frère Constantin lui revient en mémoire : « Je n'aime pas la guerre, avait-il coutume de dire : elle gâte les soldats, salit leurs habits et détruit la discipline [1]. » « Tout est dans le vague pour moi quant à l'issue de cette campagne et je ne puis absolument rien préciser sur notre avenir, écrit Nicolas au grand-duc Constantin. J'espère que le bon Dieu nous aidera à nous en tirer comme il nous a aidés dans des occasions plus difficiles [2]. » C'est avec lassitude et presque avec répugnance qu'il dirige les opérations devant Choumla. Puis soudain, perdant patience, il part, avec une petite escorte, pour visiter le camp de Varna, au bord de la mer Noire. De là, il s'embarque pour Odessa. Il y retrouve sa femme, sa fille Marie, et de nombreux généraux. Pendant quelques jours, il savoure le plaisir de prendre le thé en famille et de passer l'inspection des régiments intacts qui attendent de partir pour le front. Mais les mauvaises nouvelles qui lui arrivent de Choumla l'exaspèrent : « Je ne sais que vous dire, cher ami, si je suis plus indigné ou plus affligé de ce qui s'est passé chez vous, écrit-il à Diebitch. Vous pouvez dire de ma part au maré-

1. Cf. Jocelyne Fenner, *op. cit.*
2. Lettre en français du 20 août 1828.

chal [Wittgenstein] comment il peut se faire, s'il commande une armée russe, que les Turcs ont pu rester en possession d'une redoute russe sous son nez pendant douze heures de suite... Et que fait donc toute l'immense artillerie qui est là ? Est-elle là uniquement pour faire crever les chevaux d'inanition et sans tirer un coup de canon ? Enfin, qu'est-ce que le maréchal pense donc, s'il pense ? Tout cela est pitoyable et détestable [1]. » Subitement, il repart, sur la frégate *Flora*, à destination de Varna. Une tempête surprend le bateau. Nicolas ordonne de rebrousser chemin, revient de nuit à Odessa, fait apprêter une calèche et s'élance, accompagné du seul Benkendorff et de deux ordonnances, pour rejoindre Varna par voie de terre. La région est contrôlée par l'ennemi. Mais, par miracle, les voyageurs ne sont pas attaqués. En arrivant devant Varna, Nicolas éprouve une des plus grandes joies de sa vie. Après avoir résisté pendant des mois au blocus, la forteresse turque vient de capituler. Cette victoire réconcilie quelque peu l'empereur avec ses généraux. Il distribue des décorations, donne des instructions pour l'organisation des quartiers d'hiver et quitte l'armée afin de rentrer à Saint-Pétersbourg. Sa femme, ayant achevé sa cure de bains de mer, l'a d'ailleurs précédé dans la capitale.

À son retour, Nicolas apprend que sa mère, l'impératrice Marie Fedorovna, est gravement malade. Il assiste à ses derniers moments, puis

1. Lettre en français du 21 août 1828.

écrit à son frère Constantin : « Je remercie Dieu, du fond de mon âme, de m'avoir accordé la triste consolation d'avoir pu être près d'elle à cet affreux instant. J'en avais le besoin ou le pressentiment, quelque chose d'irrésistible me poussait vers ici. J'étais loin de prévoir pourquoi. Je n'en puis plus, ma pauvre femme est abîmée [1]. »

Pour se consoler, il se jette dans le travail. Après avoir été un chef de guerre, il redevient un chef politique. La situation diplomatique l'inquiète. Les Anglais dénoncent avec véhémence le blocus des Dardanelles par la flotte russe de l'amiral Heyden. Les Autrichiens prodiguent au sultan des conseils et des encouragements. De toute évidence, il faut éviter l'internationalisation du conflit et, pour cela, porter aux Turcs un coup décisif. Nicolas remplace le vieux maréchal Wittgenstein, dont il a eu tant de fois à se plaindre, par le général Diebitch qui promet de se montrer plus actif. Dans l'esprit du souverain, il n'est plus question de marcher sur Constantinople. On se contentera d'assurer l'ordre dans les Balkans. Il dit à Ficquelmont, qui le rapporte à Metternich : « L'Empire ottoman est un État qui tombe en dissolution... mais je ne veux pas le renverser, je n'en ai pas besoin... Je ne veux que la paix... Les Turcs seront bien obligés de la faire et ils seraient trop heureux de m'abandonner quelques provinces si j'en voulais, mais je ne veux rien que l'exécution des traités et des sûretés pour mon commerce. Je

1. Lettre en français du 24 octobre 1828.

veux qu'on en finisse de se disputer pour des misères qui n'en valent pas la peine [1]. » Il développe la même idée, lors d'une visite qu'il fait à son beau-père, le roi de Prusse, à Berlin. Rabattant de ses prétentions, il va jusqu'à solliciter l'envoi d'un représentant prussien à Constantinople afin de persuader le sultan qu'il faut essayer de trouver un terrain d'entente.

Or, brusquement, la situation se renverse en faveur des Russes. Rentrant de Berlin, et passant par Varsovie, Nicolas apprend que son cher Diebitch, surnommé par ses soldats « Samovar Pacha » à cause de sa taille trapue et de son humeur bouillonnante, vient de remporter une complète victoire à Koulevtcha. Les forces du grand vizir sont anéanties, les Turcs battent en retraite. « Au comble de la joie, ou plutôt du bonheur, il [le tsar] m'a couvert de baisers et s'est jeté à genoux pour rendre grâce à Dieu [2] », écrit l'aide de camp prince Troubetzkoï porteur de la nouvelle. Le 18 juin 1829, Diebitch entre dans Silistrie et fait dix mille prisonniers. De son côté, Paskevitch inflige une grave défaite à l'armée turque du Caucase, force l'entrée d'Erzeroum et s'y empare de cent cinquante canons. La fin est proche.

Magnanime, une fois revenu dans sa capitale, Nicolas y organise une revue, à laquelle il convie de nombreux prisonniers turcs, dont un pacha et

1. Lettre du 10 février 1829. Cf. Constantin de Grünwald, *La Vie de Nicolas Ier*.

2. Lettre en français.

douze bimbachi. Diebitch, cependant, poursuit son avance, traverse les Balkans et enlève la place d'Andrinople. Ira-t-il jusqu'à Constantinople ? Il le pourrait, mais cet exploit constituerait un tel bouleversement dans l'équilibre du monde et dresserait tant d'ennemis contre la Russie que Nicolas n'ose l'envisager. Il convoque quelques hauts dignitaires, réunis en comité, pour élaborer les conditions d'un traité raisonnable. Bien entendu, il ne veut pas d'une paix à tout prix. « Au cas où les négociations seraient rompues, écrit-il à Diebitch, vous pousserez un corps vers les Dardanelles pour être sûr que des hôtes indésirables ne s'y présentent pour se mêler et gâter nos affaires... Enfin, si vous êtes aux Dardanelles, vous refuserez le passage à toute autre flotte que la nôtre. Et, si l'on forçait, vous répondrez par des coups de canon. » Et encore : « Maître de Constantinople, vous refuserez positivement d'entrer dans aucun pourparler... Ainsi donc, si tout est fini, revenez. Sinon, en avant [1] ! »

Fort heureusement, les Turcs se montrent conciliants. Le 2 septembre 1829, le comte Orlov signe, à Andrinople, un traité en tous points conforme aux vœux du tsar. Les Dardanelles et le Bosphore sont déclarés ouverts à toutes les flottes. La Turquie cède à la Russie les forteresses de sa frontière asiatique. La Serbie, la Moldavie, la Valachie reçoivent un régime autonome et sont placées dans l'orbite russe. La Grèce est reconnue comme État vassal. La

1. Lettres en français du 28 août et du 1er septembre 1829.

Russie obtient le droit d'intervenir dans les affaires intérieures de la Turquie, en tant que protectrice de ses coreligionnaires vivant sous le pouvoir du sultan. Enfin, une lourde contribution est imposée aux vaincus. « Cet heureux événement [la signature de la paix d'Andrinople] a eu lieu le 2 septembre, dix-sept ans après l'entrée des Français à Moscou ! écrit Nicolas à son frère Constantin. Ce rapprochement singulier ne vous échappera point. Tout ce que nous pouvions désirer obtenir l'a été et nos garanties sont immenses [1]. »

Les héros du jour, Diebitch et Paskevitch, sont promus feld-maréchaux. Les cloches des églises égrènent des carillons de victoire. Certes, çà et là, dans les salons, quelques esprits chagrins déplorent « que les tambours russes ne se soient pas fait entendre à Constantinople ». Pourquoi s'est-on arrêté en si bon chemin ? disent-ils. Mais, dans l'ensemble, l'humeur, à Saint-Pétersbourg, est euphorique. On encense l'empereur pour sa fermeté, son courage et sa perspicacité dans les jeux de la diplomatie. Des ambassades orientales et balkaniques viennent faire amende honorable dans la capitale. Le prince persan Khozrev Mirza présente ses excuses au tsar pour le meurtre d'Alexandre Griboïedov, ministre de Russie et écrivain fameux, assassiné à Téhéran pendant une émeute. Un envoyé extraordinaire du sultan, Halil Pacha, sollicite humblement la diminution de la contribution et une occupation écourtée des princi-

1. Lettre en français du 17 septembre 1829.

pautés. Nicolas accède à ses prières et, en lui remettant une lettre pour le sultan, suggère que celui-ci adopte la religion chrétienne. « Je suis d'avis, dit-il, que, pour un souverain, le moyen le plus sûr de consolider l'État, le trône, la dynastie, c'est de professer la vraie foi. » Halil Pacha en reste pantois, mais promet de transmettre cet étrange conseil à son maître.

Au comble de la satisfaction, Nicolas voudrait à présent encourager son peuple à prendre du bon temps. Les bals, les soupers, les fêtes, les spectacles de toutes sortes lui paraissent salutaires, parce qu'ils détournent la jeunesse de la politique. Un homme qui danse ou qui applaudit une chanteuse ne peut être un ennemi du régime. Ce qu'il faut éviter, c'est que l'on pense trop dans les salons, dans les universités et dans l'armée. Après une conversation avec le tsar, Ficquelmont écrit à Metternich : « Sa Majesté m'a dit, en parlant du monde de Saint-Pétersbourg, qu'il le voyait avec satisfaction reprendre ses habitudes de gaieté, que, depuis longtemps, on y était mélancolique et sérieux, que cela rendait les femmes prudes et hypocrites, que les jeunes gens faisaient des rêves ridicules et dangereux. Voilà notre histoire, me dit l'empereur. Je veux qu'on s'amuse, on ne fait pas de mal alors, et j'espère que nos jeunes femmes verront bientôt qu'on peut se livrer à des plaisirs de bonne compagnie sans cesser d'être vertueuses. » Et Benkendorff renchérit dans une lettre du 6 octobre 1829 à Diebitch : « Je ne me rappelle pas d'hiver à Pétersbourg qui ait été plus rempli de bals, de fêtes et de plaisirs. Grâce à vos victoires et aux sages dispositions qui les ont arrêtées, nous jouissons ici d'une joie véritable, dans l'Europe entière d'une attitude imposante, et dans l'intérieur d'une tranquillité et d'une confiance envers le gouvernement qui ne peuvent qu'amener de bons résultats. Nous sommes libres maintenant de toute entrave, forts plus que jamais dans l'opinion de tous les peuples ; rien n'empêche de se livrer avec suite aux améliorations, aux revirements nouveaux que demande la Russie. Ce sera le beau fruit de quatre années de guerre et d'efforts qui ont commencé le règne de notre maître. Il ne reculera pas plus devant les difficultés de l'administration qu'il n'a reculé devant celles de la guerre [1]. »

Et, en effet, assuré du dévouement de son peuple et du respect des puissances étrangères, Nicolas se dit que l'ère des tempêtes est dépassée et qu'il va pouvoir s'atteler enfin à la tâche qui lui tient le plus à cœur : mettre de l'ordre dans les affaires intérieures de l'Empire, c'est-à-dire transformer la nation en un gigantesque régiment où chacun aura son grade, sa place, sa fonction et son uniforme. Alors son bonheur sera complet et, par contrecoup, le pays, débarrassé des idées subversives, soumis à une surveillance paternelle et

1. Lettre en français.

confiant en son avenir, respirera à l'aise. Très vite, cependant, il comprend que les événements extérieurs l'empêcheront, une fois de plus, de se consacrer à son rôle de réformateur. Avec angoisse, avec irritation, il porte ses regards sur la France et sur la Pologne, ces deux centres d'agitation permanente. Le monde bouge autour de lui. On dirait que ses derniers succès sur la scène diplomatique le desservent et se retournent même contre lui. Prisonnier de la stature internationale qu'il s'est forgée en quelques mois, il n'a pas le droit de rester indifférent à ce qui se passe hors des frontières de la Russie.

VI

LES POLONAIS

De tout temps, Nicolas a éprouvé envers la Pologne une hostilité instinctive, qu'il cherche à juguler par la raison. Cet étrange pays, accolé à la Russie et qui en est comme un prolongement naturel, est dominé par une idée fixe : affirmer en toute occasion son originalité ethnique, linguistique, culturelle et religieuse. Il refuse de se considérer comme une nation secondaire et prétend traiter d'égal à égal avec son grand voisin. Or voici près de deux siècles que la Pologne n'est plus que le champ clos des rivalités étrangères. De Pierre le Grand à Catherine II et à Alexandre Ier, la Russie a eu sa part dans les dépeçages successifs de la région. Lors du quatrième partage, au congrès de Vienne, en 1815, elle s'est adjugé une large portion du « royaume de Pologne », qu'une Constitution spéciale unit maintenant à l'Empire des tsars. Tout semble réglé pour le mieux et les Polonais n'ont aucun motif de se plaindre ! Mais les habitants de ce « protectorat » — des catholiques pour la plupart — sont des énergumènes fanatisés. Ils hésitent à reconnaître les bienfaits de la domination russe et rêvent de récupérer les territoires échus à la Russie lors des ultimes répartitions de la curée. Leur nationalisme farouche ignore les réalités historiques. Rien de bon, pense Nicolas, ne peut sortir de ces têtes enfiévrées. Le grand-duc Constantin, qui exerce à Varsovie l'autorité d'un lieutenant du tsar, écrit à son frère : « Il n'y a pas de Polonais qui ne soit persuadé que son pays a été spolié... par l'impératrice Catherine par des procédés des plus honteux. » Lui non plus n'aime guère les Polonais. Et les Polonais le lui rendent bien. Avec sa carrure trapue, son nez écrasé, son regard torve, il passe auprès d'eux pour une brute aux colères aberrantes, incapable de comprendre leurs doléances et dénué des qualités requises pour gouverner un royaume aussi fragile, aussi inquiet, aussi évolué que la Pologne. Bien qu'il ait épousé une de leurs compatriotes et qu'il ait renoncé pour elle à la couronne de Russie, ils le considèrent comme un dictateur étranger, dont la présence sur leur sol est une insulte au riche passé de leur patrie. Même la Constitution qu'Alexandre Ier leur a accordée jadis ne les satisfait pas. Certes, ils ont une armée propre, une administration en principe autonome, un enseignement en langue nationale, le droit de professer la religion catholique. Mais tout cela ne fait pas d'eux un État indépendant. Nicolas, en revanche, estime que son prédécesseur sur le trône et allé trop loin en transformant la Pologne en un royaume constitutionnel. Qu'à cela ne tienne : il respectera la volonté du défunt. Quelque temps avant la fin de la campagne contre les Turcs, il se fait couronner à Varsovie. « La cérémonie qui se répète à Varsovie n'est pas un sacre, précise-t-il, mais la répétition, pour les Polonais, du couronnement fait à Moscou. » Un an plus tard, il procède à l'ouverture de la Diète [1]. « C'est une plaisanterie absurde », lui dit Constantin. Et Nicolas réplique : « Nous sommes là pour régler l'usage des libertés publiques et pour en réprimer l'abus. » Dans son discours à la Diète, il insiste sur ses bonnes dispositions à l'égard de la Pologne et parle de son frère, feu le tsar Alexandre, comme du « restaurateur » de la patrie polonaise : « Il dépend de vous d'affermir son œuvre en usant avec sagesse et modération des droits et privilèges qu'il vous a octroyés », dit encore Nicolas. Son attitude loyale envers la Constitution polonaise lui attire, parmi les Russes, les critiques de certains vieux survivants du règne de Catherine. « Il est étrange d'entendre un empereur autocrate, régnant sur une population de cinquante millions d'habitants, user du langage constitutionnel devant une poignée de sujets toujours hostiles à la Russie », note Gribovski, ancien secrétaire de Catherine la Grande. Au vrai, les paroles généreuses de Nicolas ne peuvent suffire à calmer les aspirations de tout un peuple à la liberté et à la dignité. Benkendorff lui-même reconnaît que l'air, en Pologne, est devenu irrespirable : « Les

1. Assemblée politique de Pologne chargée de discuter les affaires publiques de la nation.

provinces polonaises soumises à un gouvernement militaire éprouvent une oppression terrible, écrit-il dans son rapport pour l'année 1828. La terreur a déjà plongé tant de familles dans le deuil, et tous dans l'effroi !... Les Polonais n'osent plus parler entre eux de leurs malheurs : chaque tintement de clochette les fait frémir... Ils se considèrent comme les parias de l'Empire russe. » Et, dans le rapport de 1829 : « Les malheureuses provinces polonaises restent dans le même état d'oppression et continuent à gémir sous le joug de quelques concussionnaires universellement connus [1]. »

Dans cette atmosphère étouffante, les sociétés secrètes prolifèrent. De jeunes officiers, de jeunes intellectuels tiennent des réunions clandestines et s'exaltent à évoquer la possibilité d'un soulèvement patriotique contre la Russie. L'échec des Décembristes n'a pas refroidi leur foi en l'avenir. Ils sont en contact avec d'autres groupements subversifs en Silésie, en Galicie. Mais, pour l'instant, leur agitation ne se traduit que par des discours enflammés entre quatre murs. Ils ne savent ni comment, ni où, ni quand agir. Piaffant d'impatience, ils attendent une occasion, un signal. Ce signal, soudain, leur vient de Paris.

Depuis quelques mois déjà, tout en manifestant une grande amitié pour la France, membre de la Sainte-Alliance, Nicolas se montre inquiet de la politique intérieure du roi Charles X. Certes, les

1. *Archives rouges*, 1930, vol. 38. Cité par Constantin de Grünwald, *op. cit.*

débuts du nouveau roi ont été marqués par un salutaire renforcement de l'autorité gouvernementale et par un sage retour aux traditions monarchiques. Mais il semble à Nicolas que Charles X prête encore trop facilement l'oreille à l'opinion populaire et qu'il ne sait plus au juste où il va. Ainsi le tsar comble-t-il de prévenances M. de Mortemart, ambassadeur de France en Russie, et félicite-t-il M. de Bourgoing au moment où Alger tombe aux mains des Français, mais la nomination de Jules de Polignac comme président du Conseil lui paraît une erreur lourde de conséquences. Les tendances mystiques et réactionnaires de l'actuel chef de gouvernement, son hostilité à la Charte, ne vont-elles pas creuser un fossé entre les Français et leur souverain ? « Les mesures gouvernementales [françaises] me font trembler pour leur suite, écrit Nicolas à Diebitch. Il est cruel de devoir le dire : c'est la folie du roi qui est cause de tout cela [1]. » La publication des ordonnances anticonstitutionnelles de Polignac l'indigne. « J'ai cessé de comprendre le roi ! » déclare-t-il à l'ambassadeur d'Autriche. Et il confie au baron de Bourgoing, chargé d'Affaires de France en Russie : « Vous savez combien je m'intéresse à la France, combien j'aime le roi Charles X, mais je sens qu'en ce moment il court à sa perte. » Il n'est donc pas surpris en apprenant que les 27, 28 et 29 juillet 1830 une révolution a renversé Charles X, que Louis-Philippe d'Orléans est monté sur le trône et que,

1. Lettre du 3 avril 1830.

désormais, le roi de France a fait place au « roi des Français ».

Alors que la partie éclairée de la société russe se réjouit de cette victoire de l'esprit libéral sur l'obscurantisme et la rigueur, Nicolas fulmine. Il lui semble qu'en cette occasion le principe monarchique a été bafoué. Dans un mouvement de colère, il refuse de reconnaître officiellement le nouveau régime français, il rappelle les Russes résidant en France, il interdit l'entrée de l'Empire aux sujets français, il défend d'arborer la cocarde tricolore. Cette fureur est certes disproportionnée à l'événement, mais Nicolas est ainsi, tout d'une pièce, incapable de se dominer par calcul. Puis il se raisonne. Entre deux sautes d'humeur, il accepte que certaines mesures d'exception qu'il a préconisées contre la France ne soient pas appliquées à la lettre. M. de Bourgoing demeure en Russie et se dépense sans compter pour amadouer le tsar irascible. De son côté, Pozzo di Borgo, ambassadeur de Russie en France, prend le sage parti de rester à Paris malgré les instructions impériales. Finalement, à contrecœur, Nicolas reconnaît le gouvernement de Louis-Philippe et reçoit en audience solennelle son envoyé extraordinaire, le général Athalin. Mais Louis-Philippe ne doit pas espérer que le tsar lui donne le titre protocolaire de « Monsieur mon frère ». Nicolas préfère l'appeler : « Sire », dans ses lettres, avec une répugnance manifeste.

Les événements qui se déroulent en Europe semblent justifier la prévention du tsar à l'égard de toute faiblesse de la part des gouvernements légitimes. De Paris, la révolution gagne les pays voisins. Les provinces belges se soulèvent et le roi des Pays-Bas, beau-frère du tsar, lui demande son aide militaire pour venir à bout des rebelles. Déjà la Prusse, sollicitée à son tour, concentre des troupes sur le Rhin. Nicolas n'hésite pas : son devoir est d'intervenir là où la populace bouillonne. « Ce n'est pas la Belgique que je crois combattre là-bas, note le tsar en marge d'un rapport de Nesselrode, c'est la révolution générale qui, de proche en proche, et plus vite qu'on ne le pense, nous menace nous-mêmes si l'on nous voit trembler devant elle [1]. »

Tout à coup, c'est l'embrasement. Ayant appris que l'armée de Pologne doit marcher avec les Russes pour écraser la révolution belge, la jeunesse polonaise refuse de participer à cette répression inique. Le moment lui semble venu de prendre les armes contre son oppresseur de toujours. Un groupe d'élèves officiers décide de passer à l'action, quel que soit le risque. Dans la nuit du 17 novembre 1830, ils s'emparent du Belvédère, résidence de Constantin, tuent sur place le préfet de police et un général, mais ne peuvent mettre la main sur le grand-duc, qui s'est échappé à temps par une porte dérobée.

À la suite de l'attaque du Belvédère, la ville entière se soulève. Les insurgés massacrent non seulement les soldats et les officiers russes qui

1. Rapport du 8 octobre 1830.

leur résistent, mais aussi des officiers polonais connus pour leur loyalisme envers Constantin. Ayant occupé l'arsenal, ils arment la population. Affolé, Constantin campe plusieurs jours devant Varsovie, sans rien tenter pour rentrer dans sa capitale, puis licencie la plupart des troupes polonaises qui l'ont suivi et se retire, avec le reste de son armée, vers la frontière russe. Sa fuite incite le gros des forces polonaises à rallier la cause des rebelles.

La nouvelle de l'insurrection ne parvient à Saint-Pétersbourg que dans la soirée du 25 novembre. Le lendemain, lors d'une parade de la Garde à laquelle assistent tous les diplomates accrédités, le souverain apparaît à cheval, le visage impénétrable. Quand la cérémonie a pris fin, il s'avance au milieu du manège et annonce, d'une voix vibrante, qu'une révolte vient d'éclater à Varsovie et qu'il a ordonné aux troupes régulières de se mettre immédiatement en marche. « J'espère, ajoute-t-il, que je n'aurai pas besoin maintenant du secours de ma garde ; je sais que, si c'était nécessaire, je vous trouverais prêts à l'action et alors je me mettrai à votre tête. Restez calmes cependant et surtout ne concevez point des sentiments haineux contre les Polonais. Rappelez-vous qu'ils sont nos frères, frères du même sang. D'ailleurs, je n'accuse pas la Pologne de ce qui s'est fait : des jeunes gens égarés sont les premiers coupables et la majorité de la population n'y a pris aucune part. » Un immense hourra salue cette déclaration. Des dizaines d'officiers se bousculent autour du tsar pour lui baiser les mains, les vêtements, les bottes. En vérité, Nicolas n'est pas aussi sûr de lui qu'il voudrait le paraître. D'après les premiers rapports reçus à Saint-Pétersbourg, il est impossible de mesurer la gravité des événements. S'agit-il d'une conspiration limitée et désordonnée comme celle des Décembristes ou d'un profond mouvement populaire ? Et qu'est devenu Constantin ? Sans nouvelles de son frère, Nicolas lui écrit : « Que la volonté de Dieu soit faite... Nous tremblons pour vous, mais, dussions-nous périr tous, nous vous sauverons. C'est le vœu de tous. À vous pour la vie et la mort[1]. » Or, Constantin vient d'atteindre enfin la frontière russe. Aussitôt, il envoie une lettre désespérée au tsar : « Voici donc un ouvrage de seize ans détruit totalement par des sous-officiers, de jeunes officiers et des étudiants et compagnie... Les propriétaires, les gens de la campagne et tout ce qui est seulement avec quelque avoir en sont au désespoir. Officiers, généraux, ainsi que les soldats n'ont pu s'empêcher de suivre le mouvement, entraînés par la jeunesse et les sous-officiers qui ont égaré tout le monde. Bref, les choses sont au pire et je ne sais ce qu'il adviendra de la clémence de Dieu... Nous voilà, nous autres Russes, à la frontière, mais, grand Dieu, dans quel état, presque nu-pieds, sortis comme pour une alerte et croyant rentrer en caserne, et au lieu de cela ayant fait des marches terribles. Les officiers ont tout perdu et n'ont que

1. Lettre en français du 27 novembre 1830.

ce qu'ils ont sur le corps... J'ai le cœur navré : à cinquante et un ans et demi et après trente-cinq ans et demi de service, je ne croyais pas finir ma carrière d'une manière aussi déplorable [1]. » Et, quelques jours plus tard : « Tous mes vœux sont adressés au bon Dieu, afin que la masse de cette armée, à laquelle j'ai consacré seize ans de ma vie, fasse un retour sur elle-même, rentre dans le chemin de l'honneur et du devoir et reconnaisse son égarement avant que des mesures coercitives soient employées contre elle. »

Ces « mesures coercitives », Nicolas hésite encore à les prendre. Certes, il s'empresse de placer le général Diebitch à la tête d'une armée de cent mille hommes destinée à faire entendre raison aux Polonais. Mais il ne désespère pas de régler l'affaire sans effusion de sang. En Pologne, le Conseil des ministres, ou « Conseil administratif », assume le pouvoir, après s'être adjoint quelques députés de la Diète. Il élit dictateur le général Chlopicki, qui a servi sous Napoléon. Chlopicki fait savoir au tsar que les événements de Varsovie n'ont été provoqués que par des abus de pouvoir, que la nation polonaise ne veut pas rompre les liens qui l'attachent à la Russie, qu'elle demande tout au plus « une liberté modérée » et « la stricte observation de la Constitution ». En revanche, la Diète polonaise, plus intraitable, publie un manifeste exigeant l'indépendance totale. « Le peuple polonais, y lit-on, est sorti de

1. Lettre en français du 1er décembre 1830.

l'état de soumission et de dépendance où il se trouvait, avec l'intention virile de ne plus reprendre les chaînes qu'il a rompues, de ne pas déposer les armes de ses ancêtres avant d'avoir conquis l'indépendance et le pouvoir, unique garantie de la liberté... Il ne renoncera pas à la lutte avant de s'être uni à ses frères qui se trouvent sous le joug de la Cour de Saint-Pétersbourg. »

Malgré cette prise de position audacieuse, voire impudente, Nicolas consent à recevoir deux délégués du Conseil administratif, l'ancien ministre Lubecki et le membre de la Diète polonaise Jezierski. À l'un et à l'autre, il confirme que les Polonais n'obtiendront leur pardon qu'au prix d'une soumission immédiate et complète. Chlopicki convoque la Diète pour la mettre au courant de la réaction abrupte de Nicolas. Il annonce qu'il ne croit pas au succès d'une lutte armée contre la Russie et que, dans ces conditions, il renonce à ses fonctions de dictateur. Mais la Diète ne l'approuve pas dans ses conclusions, décide de poursuivre le combat et nomme le prince Radziwill commandant en chef des armées. Puis, dans un élan d'enthousiasme, elle déclare Nicolas déchu du trône de Pologne pour avoir violé la Constitution. La motion est votée à l'unanimité aux cris de : « Il n'y a plus de Nicolas ! » Cinq jours plus tard, la Diète élit un gouvernement national provisoire de cinq personnes, sous la présidence du prince Adam Czartoryski, l'ancien ministre et confident du tsar Alexandre Ier. Cette fois, Nicolas ne peut plus reculer. « Qui des deux doit périr, écrit-il à Constantin, car il paraît que périr il faut, est-ce la Russie ou la Pologne ? Décidez vous-même. J'ai épuisé tous les moyens possibles pour prévenir un pareil malheur : les seuls moyens compatibles avec l'honneur et ma conscience sont épuisés ou du moins rien ne peut me faire croire que l'on en veuille là-bas. Que me reste-t-il à faire [1] ? »

L'armée de Diebitch franchit la frontière lituano-polonaise et s'avance sans rencontrer de résistance sérieuse vers la capitale. Le 13 février 1831, près du village de Grochow, sur la rive droite de la Vistule, elle se heurte enfin aux forces polonaises commandées par le général Chlopicki. Le choc est très rude. Les Polonais reculent, après avoir perdu douze mille hommes, et se replient sur Varsovie. Mais les Russes eux-mêmes, avec neuf mille quatre cents morts et blessés, ont été si éprouvés qu'ils renoncent à poursuivre l'ennemi et à occuper la ville. N'est-ce pas le grand-duc Constantin qui, se trouvant au quartier général, aurait demandé à Diebitch d'attendre pour bombarder la cité rebelle ? À l'entendre, la lassitude et la famine auront vite abattu la résistance des habitants. Or, entre-temps, l'insurrection s'est étendue à toute la Pologne. Diebitch se voit obligé de diviser ses troupes pour répondre à de multiples attaques de diversion. En outre, il ne peut compter sur d'importantes levées de recrues en Russie, la guerre contre la Turquie ayant épuisé les réserves

1. Lettre en français du 3 janvier 1831.

en hommes. L'approvisionnement est insuffisant, le service sanitaire défectueux. Le 6 mai, la Garde impériale se couvre de honte en subissant une défaite à Ostroleka. Huit jours plus tard, elle se ressaisit, reprend Ostroleka et rejette les Polonais, à nouveau, jusqu'aux faubourgs de Varsovie. Mais, là encore, Diebitch ne sait pas conclure. Nicolas tempête, d'une lettre à l'autre, contre le vieux maréchal, l'incorrigible « Samovar Pacha ». Au comble de l'exaspération, il écrit à ce « glorieux incapable » : « Il m'est permis de vous exprimer ma surprise et ma douleur que, dans cette malheureuse guerre, vous m'annoncez bien plus d'échecs que de bonnes nouvelles, qu'avec cent quatre-vingt mille hommes dans votre rapport nous ne faisons rien devant à peu près quatre-vingt mille, que l'ennemi est partout en nombre pour le moins égal, et nous partout et presque toujours en forces inférieures et insuffisantes... Souvorov savait battre les Polonais avec peu de monde... Les Russes ne peuvent pas être toujours vaincus par les Polonais : les siècles sont là pour le prouver... Au nom de Dieu, ne perdez pas de temps, soyez ferme dans vos résolutions, ne tergiversez pas continuellement, et tâchez, par une action brillante et hardie, à prouver à l'Europe que l'armée russe est toujours celle qui a été deux fois à Paris [1]. »

Ces lettres de reproche tourmentent Diebitch qui se sent subitement trop vieux pour diriger une action d'envergure. Peu après, il meurt, victime du

1. Lettres en français, toutes datées du mois d'avril 1831.

choléra qui décime ses troupes. La même maladie gagne le grand-duc Constantin. Depuis l'échec de l'opération de Grochow, il erre, malchanceux, inutile, de bourgade en bourgade, à l'arrière des armées. « Du sublime au ridicule, il n'y a qu'un pas », dit-il. Sa femme, la princesse Lowicz, l'accompagne. Certes, il pourrait retourner à Saint-Pétersbourg, comme Nicolas le lui conseille. Mais il s'y refuse par fierté. « Quelle mine et quelle figure voulez-vous, cher et excellent frère, que j'apporte auprès de vous à Pétersbourg, où, grâce à Dieu, l'on m'a, j'espère, presque oublié ? écrit-il à Nicolas. Est-ce avec la mine de honte que je pourrai vous approcher ? Est-ce avec la mine d'un mécontent que certes je ne serai jamais ? Est-ce avec la mine peinée et qui sera interprétée par les miens et les étrangers comme mécontentement et brouille de famille ? Est-ce enfin pour me claquemurer chez moi, sans en sortir, puisque, je l'avoue, je ne pourrai me présenter nulle part sans honte du triste rôle que je suis forcé de jouer après trente-six années de service [1] ? » Cette lettre sera la dernière qu'il adressera au tsar. Le choléra le terrasse. Dans la nuit du 14 au 15 juin 1831, il succombe misérablement, à Vitebsk.

Surmontant la douleur de ces deuils successifs, Nicolas nomme Paskevitch, le vainqueur des Persans et des Turcs, à la tête des troupes qui combattent en Pologne. Ce rude guerrier réussira, pense-t-il, là où l'infortuné Diebitch a pitoya-

1. Lettre en français du 7 juin 1831.

blement échoué. En tout cas, il n'est plus question pour le tsar de jouer au gendarme dans d'autres pays d'Europe. L'insurrection a triomphé à Bruxelles. Les troupes néerlandaises ont évacué la Belgique, qui a été érigée, par la France et l'Angleterre, en royaume indépendant. Tant pis : ce sont là des déconvenues secondaires. L'affaire polonaise prime tout !

Entre-temps, le choléra se propage dans toute la Russie et s'attaque même à la capitale. Rien qu'à Saint-Pétersbourg, il meurt plus de six cents personnes par jour. Le bruit court que ce sont des Polonais qui empoisonnent les aliments et les boissons. La populace s'agite dans les bas quartiers. Au soir du 22 juin, elle se réunit sur la place du marché aux Foins, assaille un hôpital, brise les vitres, blesse quelques malades, massacre des médecins. Le gouverneur militaire envoie la troupe pour disperser le rassemblement. Mais la foule continue de s'agiter dans les rues voisines. Le lendemain, Nicolas, qui s'était retiré dans sa résidence estivale de Peterhof, décide de se rendre dans la capitale pour mater lui-même les forcenés.

Après avoir beaucoup pleuré, l'impératrice, « maîtrisant son anxiété », lui donne sa bénédiction. Il embarque sur un bateau à vapeur, subit pendant le trajet un violent mal de cœur, débarque à Saint-Pétersbourg, monte dans une calèche, avec à ses côtés le prince Menchikov, et se fait conduire sur la place du marché aux Foins. Arrivé là, il rejette son manteau, descend de voiture et interpelle d'une voix de tonnerre la multitude qui l'entoure : « Hier, des crimes ont été commis, l'ordre public a été troublé. Il est honteux que le peuple russe, oubliant la foi de ses ancêtres, imite les violences des Français et des Polonais. Ce sont eux qui sont vos instigateurs. Attrapez-les, livrez les individus suspects aux autorités... Ici, des actes de sauvagerie ont été perpétrés, ici, nous avons provoqué la colère de Dieu... À genoux donc, et implorez la miséricorde divine ! » En cet instant, il se croit vraiment inspiré par le Très-Haut. Des milliers de regards sont dirigés sur lui avec terreur et extase. Dans un profond soupir, la foule, docile, se prosterne. Comme quelques protestations s'élèvent encore, Nicolas s'écrie : « Qui voulez-vous atteindre ? N'est-ce pas moi ? Je n'ai peur de personne ! Me voici ! » Et il désigne sa poitrine comme cible. Des sanglots éclatent, çà et là. Puis une clameur énorme déferle jusqu'à lui : « Hourra ! » Nicolas met pied à terre, embrasse, au hasard, un vieillard en larmes et, conscient d'avoir, par sa seule présence, dompté la folie de la plèbe, remonte en voiture et s'éloigne [1].

Peu après, une émeute plus grave éclate parmi les fameuses « colonies militaires » de Novgorod. Dans ces régiments spéciaux, imaginés jadis par Araktcheïev, les soldats doivent travailler aux champs en plus de leurs heures de service, alors que les paysans du village sont transformés, de leur côté, en hommes de troupe. Excédés par les mauvais traitements et le surcroît de besogne, les

1. D'après les souvenirs du prince Menchikov.

soldats-laboureurs prennent prétexte des ravages du choléra pour se révolter contre le commandement : trois généraux, cent soixante officiers, des médecins, des employés sont assassinés en quelques heures. Seule l'intervention des formations régulières permet de rétablir l'ordre. Une fois de plus, Nicolas compte sur son magnétisme personnel pour ramener à la raison les esprits échauffés. Il y a en lui, dans ces instants fatidiques, un mélange de bravoure et de cabotinage. Campé devant le front des troupes, il ordonne de lui livrer les instigateurs et harangue les officiers avec une autorité théâtrale. Deux milliers d'hommes, reconnus coupables d'insubordination, sont soumis aux peines de la bastonnade, des verges et du knout. Cent vingt-neuf d'entre eux meurent des suites du supplice. Nicolas a juste le temps de rentrer à Saint-Pétersbourg pour assister, avec des pleurs de joie, à la naissance de son troisième fils, prénommé, comme lui, Nicolas [1]. Cependant il n'est plus très sûr que les « colonies militaires » soient une institution digne d'être maintenue. Il envisage même de les liquider. Mais il le fera progressivement, sans avoir l'air de renoncer à une organisation qui a été voulue par l'« Ange » Alexandre Ier et l'« infâme » Araktcheïev.

Les troubles sporadiques en Russie et l'insurrection générale en Pologne excitent l'opinion

1. Né le 27 juillet 1831.

internationale à juger sévèrement la politique de Nicolas. À Paris et à Londres, la réprobation des milieux intellectuels prend le caractère d'une véritable haine envers tout ce qui est russe. Les journaux français enchérissent l'un sur l'autre dans la violence et l'injure. À la Chambre, La Fayette réclame une intervention armée de la France pour réparer la honte du partage de la Pologne. La foule menace, à plusieurs reprises, de briser les vitres de l'ambassade de Russie. Quant au gouvernement français, il est tout entier acquis à la cause polonaise. Il charge même Mortemart de demander officiellement au tsar « de maintenir le royaume de Pologne, dont l'existence, garantie par le traité de Vienne, est devenue par là une stipulation européenne ». En cas de besoin, la France, affirme le cabinet des Tuileries, est prête à offrir sa médiation. Ces propositions ne peuvent qu'exaspérer Nicolas, qui dénie aux nations européennes le droit de se mêler des affaires russes. Pour lui, en effet, le différend avec la Pologne est de nature interne, et même strictement nationale. En revanche, il sait gré aux puissances germaniques de leur compréhension à cet égard. Le gouvernement autrichien a concentré une armée de cent cinquante mille hommes en Galicie et les détachements polonais qui franchissent la frontière autrichienne pour échapper aux Russes sont immédiatement désarmés. Voilà qui est le gage d'une amitié véritable !

Plus encore que l'appui des chancelleries de Berlin et de Vienne, ce qui encourage Nicolas dans son combat, c'est la vague de patriotisme qui soulève le peuple russe. « N'oubliez pas, Sire, lui dit le comte Orlov, que vous avez derrière vous quarante millions de Russes qui, depuis des siècles, ont fait la guerre à la Pologne et qui ont plus de droits sur vous que quatre millions de Polonais ! » « La Pologne ne cessera pas de nous susciter des embarras, déclare de son côté Nesselrode. Il vaudrait mieux la disloquer. Si elle pouvait tout à coup disparaître, cela nous arrangerait tous [1]. » Même les esprits libéraux de Russie, tel Pouchkine, conviennent que la Pologne doit être définitivement soumise à la Russie. Et Bestoujev-Rioumine, le Décembriste, écrit à sa mère, du fond de son exil : « Les Polonais ne seront jamais des amis sincères des Russes, quoi qu'on fasse pour eux. Il n'y a pas de doute que le royaume de Pologne n'a jamais été aussi bien gouverné que sous la domination russe [2]. »

Ce qui semble donner raison à ces partisans de l'intransigeance, c'est la sanglante anarchie engendrée, à l'intérieur même de Varsovie, par la révolution polonaise. Excitée par des meneurs, la populace se soulève contre le gouvernement de Czartoryski, massacre le commandant en chef et quelques généraux, et terrorise les membres de la Diète, qui, siégeant sous la menace permanente de l'émeute, ne savent plus quelle décision prendre.

1. Les propos d'Orlov et de Nesselrode sont rapportés par Ficquelmont dans ses dépêches, rétrospectives des 6 et 14 novembre 1831.

2. Lettre du 5 janvier 1831.

Paskevitch, qui s'est avancé jusqu'aux murs de la ville, propose une reddition honorable. Cette offre est repoussée avec indignation. Les dés sont jetés. Le 27 août 1831, après quarante-huit heures de combats acharnés, les Russes entrent triomphalement à Varsovie. Paskevitch, installé au Belvédère, écrit à Nicolas : « Varsovie est aux pieds de Votre Majesté impériale. » Et il charge le jeune prince Souvorov, petit-fils du célèbre maréchal de Catherine II, de porter le pli au tsar. Ayant lu le rapport, Nicolas s'agenouille et remercie Dieu pour cette victoire si longtemps attendue. En un clin d'œil, la nouvelle se répand à travers le palais. On se congratule, on se signe, on pleure de joie. Sans perdre une minute, Nicolas mande au vainqueur de la Pologne : « Avec l'aide du Dieu miséricordieux, tu as de nouveau rehaussé l'éclat et la gloire de notre armée, tu as châtié les traîtres perfides, tu as vengé la Russie, tu as conquis Varsovie, tu es, à partir d'aujourd'hui, prince de Varsovie... Ah ! que ne puis-je, comme autrefois, voler vers toi et être dans les rangs de ceux qui vengent l'honneur de la Russie ; il est pénible de porter l'uniforme et d'être attaché à son bureau dans des jours pareils, comme je le suis, moi, pauvre malheureux. » Le soir, au souper, il boit du champagne avec les nombreux généraux de sa suite et les convives brisent leurs verres après chaque toast [1].

Avec la prise de Varsovie, les Polonais, démoralisés, comprennent que toute résistance est désor-

1. Baron de Barante, *Notes historiques*.

mais illusoire. Une partie de leur armée passe en territoire prussien, l'autre se réfugie en Autriche. Les dernières places fortes tombent, l'une après l'autre, sans combat. Paskevitch envoie à l'empereur un document qui n'a plus cours : l'ancienne Constitution polonaise. « J'ai reçu le coffret contenant la Constitution défunte, lui répond Nicolas. Je vous remercie grandement. Elle repose à l'Armurerie de Moscou. »

Le 6 octobre, tout le corps diplomatique est convié par l'empereur à une messe solennelle célébrant la victoire russe. Le baron de Bourgoing, représentant de la France, s'abstient de paraître. Nicolas en est attristé. Il dira à Bourgoing : « L'Europe est injuste envers moi... Entre les Polonais et moi, il ne peut y avoir qu'une méfiance absolue. » Et il écrira à Paskevitch : « À Paris, on s'est déchaînés pendant quelques jours de suite et on nous a injuriés follement. Tout cela est fort bien, car cela prouve clairement qu'ils étaient pour l'autre camp et que ce choc, par contrecoup, les a durement touchés. En Angleterre, en revanche, on a accepté l'événement comme il faut et honorablement. » Et encore : « Notre Dieu russe est grand. Sa droite se manifeste partout et en tout. Il aime la Russie [1]. »

Répondant à son tour aux détracteurs de sa patrie, Pouchkine, « l'ami du 14 décembre », publie un poème empreint d'orgueil national :

1. Lettre du 7 octobre 1831.

Qu'est-ce qui vous agite ? Une émeute en Pologne ?
Eh bien, laissez-nous donc : c'est un conflit de
[Slaves,
Un vieux conflit, une querelle domestique.
Le sort a tout réglé. Vous ne changerez rien...

Fort de sa victoire militaire et du soutien de son peuple, Nicolas décide l'incorporation des provinces polonaises dans l'Empire russe, tout en leur laissant quelques particularités régionales. Par là même, il en devient le souverain absolu. Un comité, nommé par lui, est chargé d'élaborer un nouveau statut du royaume, le « Statut organique ». De-ci, de-là, des voix s'élèvent pour recommander au tsar la clémence envers les vaincus. « Au nom de Dieu, s'il y en a un, et de l'humanité, s'il y en a une, propagez des sentiments de pardon, de générosité, de commisération, écrit le prince Viazemski à son amie Élisabeth Khitrovo. Paix aux victimes. Le droit du plus fort a eu le dessus... N'imitons pas les sauvages qui dansent autour des bûchers de leurs ennemis. Redevenons européens [1]. » Mais, dans l'ensemble, le pays souhaite un châtiment rigoureux. Le « Statut organique » dissout la Diète, supprime l'armée polonaise, abolit l'administration indépendante. Des membres russes sont introduits dans le Conseil du vice-roi. L'état de siège est proclamé à Varsovie. Les chefs de l'insurrection et les généraux rebelles sont exilés au Caucase, en Sibérie, et privés de

1. Lettre en français du 7 octobre 1831.

leurs biens. Leurs enfants sont incorporés d'office dans l'armée russe. Une délégation de douze magnats, avec Antoine Radziwill à sa tête, vient présenter ses « remerciements au tsar » pour sa générosité dans la sanction. Les drapeaux pris à l'ennemi sont suspendus aux piliers de Notre-Dame-de-Kazan.

Après la révolte du 14 décembre 1825, cette seconde épreuve de force incite Nicolas à se raidir dans la fermeté. Il se persuade que, chez un souverain, toute manifestation de sensibilité se traduit par des faiblesses dont le peuple profite aussitôt pour se soulever. Par moments, il lui semble qu'il suit le même chemin que son frère, l'empereur Alexandre, d'abord attiré par les idées libérales, puis conscient de l'impossibilité de les appliquer en Russie. Comme lui, il n'est pas loin de penser que seule la trique peut faire régner l'ordre dans le troupeau confié à sa garde. C'est une tâche épuisante que de veiller constamment à ce qu'aucune tête ne dépasse du lot ! Le 26 décembre 1831, il écrit à Paskevitch : « Je t'embrasse de tout cœur et je t'adresse mes félicitations à la veille du Nouvel An. Espérons qu'il sera calme et heureux pour la Russie qui a besoin de repos. Mais, s'il en est autrement, ce sera l'occasion de nouvelles actions de gloire pour nos braves héros, sous les ordres de leur chef, le vainqueur de Varsovie ! »

VII

LA VIE QUOTIDIENNE DU TSAR

« L'empereur est plus grand que les hommes ordinaires de la moitié de la tête, écrit le marquis de Custine après sa première entrevue avec Nicolas. Sa taille est un peu roide ; il a pris dès sa jeunesse l'habitude russe de se sangler au-dessus des reins, au point de se faire remonter le ventre dans la poitrine, ce qui a dû produire un gonflement des côtes ; l'estomac, bombé excessivement sous l'uniforme, finit en pointe et retombe par-dessus la ceinture... Il a le profil grec ; le front haut, mais déprimé en arrière, le nez droit et parfaitement formé, la bouche très belle, le visage noble, ovale, mais un peu long, l'air militaire et plutôt allemand que slave. Sa démarche, ses attitudes sont volontairement imposantes. Il s'attend toujours à être regardé, il n'oublie jamais qu'on le regarde. » Et plus loin : « Il *pose* incessamment : d'où il résulte qu'il n'est jamais naturel, même lorsqu'il est sincère ; son visage a trois expressions dont pas une n'est la bonté toute simple. La plus habituelle est toujours la sévérité... Ce n'est pas à dire que la physionomie de ce prince manque de franchise, elle ne manque que de naturel... Il a beaucoup de masques, il n'a pas un visage. Cherchez-vous l'homme, vous trouverez toujours l'empereur [1]. »

En vérité, peu d'êtres portent aussi ostensiblement que Nicolas leur caractère sur leur figure. Pour lui, l'autocratie est un dogme divin contre lequel toute critique est impie. Persuadé qu'il a reçu son pouvoir du Très-Haut, il se considère comme chargé par la Providence de faire régner dans son pays l'ordre monarchique et la morale chrétienne. En conséquence, les idées républicaines lui paraissent la négation même de la volonté du Seigneur, le triomphe des passions les plus basses, les ferments de la désagrégation sociale. Deux ans après son avènement, il écrit à son frère Constantin : « J'ai la ferme conviction de cette protection divine, qui s'exerce sur moi d'une manière trop palpable pour que je ne veuille l'apercevoir dans tout ce qui m'arrive, et voilà ma force, ma consolation, voilà mon guide en tout [2]. »

Cette conception d'une mission déléguée par le Ciel n'a cependant, chez lui, rien de mystique. La métaphysique n'est pas son fort. Sa nature terre à terre le tient à l'écart des grands élans de l'âme, des illuminations radieuses, du mystérieux commerce avec l'au-delà. Dieu n'est pas pour lui

1. Marquis de Custine, *La Russie en 1839*, Lettre XI, du 14 juillet 1839.

2. Lettre en français.

un confident mais un garant. Il s'appuie sur Lui pour régner, sans plus. En tant que dépositaire de la volonté suprême, il a droit de vie et de mort sur tous ses sujets et il n'a de comptes à rendre à personne. Les hommes ont été mis au monde pour servir, chacun à sa place, selon son rang et ses capacités. La signification de l'existence terrestre est inséparable de la notion de *devoir*. « Ce mot a un sens sacré devant lequel cède tout motif personnel, écrit-il. Tout doit se taire devant cet unique sentiment, tout doit céder devant lui jusqu'à l'heure où l'on descend dans la tombe. Telle est ma devise. » Ce culte du devoir trouve sa parfaite expression dans l'armée. Tout y est simple, précis, logique : les décisions sévères des supérieurs, l'obéissance muette des subalternes. Nicolas aimerait qu'il en fût de même pour les civils. La vie privée des Russes gagnerait, pense-t-il, à être constamment soumise à sa tutélaire vigilance. Il voudrait posséder le don d'ubiquité, traverser les murs, pénétrer à la fois dans toutes les maisons de son empire, fouiller dans les tiroirs, confesser des milliers d'inconnus balbutiants, prodiguer conseils, autorisations, punitions, récompenses dans les affaires familiales comme dans les affaires de l'État.

Exigeant envers les autres, il l'est encore plus envers lui-même. Il hait la mollesse, la paresse, la rêverie. Parmi les splendeurs du palais d'Hiver, son cabinet de travail est d'une simplicité spartiate. Pour tout ameublement, un lit de camp au matelas rempli de foin, un canapé, quelques fauteuils en acajou garnis de cuir vert, un bureau plat, orné des portraits de sa femme et de ses enfants. Au mur, la sainte icône qui a accompagné Pierre le Grand à la bataille de Poltava. Il n'est pas rare que Nicolas dorme, la nuit, dans ce refuge studieux. Levé à sept heures du matin, en toute saison, il prend une douche d'eau froide, avale une tasse de café noir, jette un manteau militaire sur ses épaules, fait une promenade dans le jardin avec son fidèle caniche Hussard, rentre et se met au travail à la lueur des candélabres. À partir de neuf heures, il reçoit ses ministres et ses aides de camp. Sa ponctualité est proverbiale. La moindre visite est minutée à l'avance. Tous les dossiers sont rangés, étiquetés. Pas un papier ne traîne.

Ayant réglé les affaires les plus pressantes, Nicolas prend une légère collation et va saluer l'impératrice, embrasser ses enfants. Encore quelques généraux à recevoir, quelques dossiers à compulser et, vers une heure ou deux, il se rend en ville, toujours seul, pour inspecter une institution, passer un régiment en revue ou simplement humer l'air de la capitale. Sa silhouette est familière aux passants, qui se découvrent respectueusement quand ils l'aperçoivent, de loin, dans son petit traîneau ou sa calèche, les épaules droites, le visage marmoréen sous une casquette plate, à moins que ce ne soit sous un casque à pointe. Il est défendu de l'aborder dans la rue pour lui présenter un placet. Son apparition inopinée dans une école, une caserne, un hôpital sème l'épouvante. Même ceux qui n'ont rien à se reprocher se sentent coupables. Rien n'échappe à son attention sourcilleuse. Pour lui, les fautes vénielles n'existent pas. Une simple négligence dans la tenue est passible des sanctions les plus dures. Parfois, cependant, il cède à une lubie de bienveillance, aide un moujik, dans la rue, à charger sur son dos un sac de farine, suit à pied le corbillard d'un petit fonctionnaire oublié de tous, console un jeune officier criblé de dettes, dont on lui a signalé le dénuement. Ces traits de bonté servent sa légende. Il le sait et en joue avec dextérité. Autocrate patriarcal, il veut que ses sujets l'aiment autant qu'ils le redoutent.

Un autre signe de cette ambivalence affective se manifeste dans son amour des bêtes. Il témoigne d'une grande patience et d'une large compréhension à leur égard, alors qu'il traite les hommes avec une implacable rigueur. Elles le consolent par leur docilité et leur innocence foncières de la sottise, de l'égoïsme et des calculs de ceux qui se prétendent leurs maîtres. De tous les représentants du règne animal, ce sont les chevaux qui ont sa préférence. Son engouement pour eux est si vif que, dès les années 1830, il fait construire par l'architecte Menelas, à la lisière du parc Alexandre de Tsarskoïé Selo, une bâtisse en brique rouge pour servir de « maison de retraite » aux montures qui ont eu le privilège de porter sur leur dos un membre de la famille impériale. Cette écurie modèle est baptisée plaisamment, par les proches de Sa Majesté : « Hôtel des Invalides ». Nicolas Ier rend de fréquentes visites aux anciens compagnons de ses prouesses hippiques. Quand l'un d'eux meurt de vieillesse, il en éprouve un réel chagrin et ordonne que « l'humble dépouille » soit enterrée à proximité, dans le cimetière strictement équestre dont il a été le promoteur. Juments et étalons de noble lignée reposent là, sous une dalle de marbre, portant le nom de chacun, les dates de sa naissance, de sa mort, de ses principales performances et l'indication de son auguste propriétaire. C'est ainsi que le tsar peut se recueillir sur la tombe de la jument *Viouta*, décédée en 1834, ou du hongre noir *Hamlet*, disparu en 1839 [1]. Mais cette passion chevaline se double, chez Nicolas Ier, d'une passion canine non moins exigeante. Fervent amateur de vénerie, c'est à son instigation que les barzoïs ont été mis à la mode en Russie. Il les utilise constamment dans ses parties de chasse. À son exemple, tous les courtisans se convertissent à cette nouvelle façon de traquer le gibier. Peu à peu, cette race de grands lévriers, si élégants et si rapides, devient le symbole de la supériorité nationale. Le fils de Nicolas Ier, le grand-duc Nicolas Nicolaïevitch, partage les goûts de son père sur ce point et prend en main l'élevage des barzoïs dans le pays. Afin de marquer l'importance qu'il attache à cette entreprise, le tsar offre deux superbes spécimens de sa meute à la reine

1. La tradition s'est poursuivie sous les règnes suivants. En octobre 1917, on comptait encore cent vingt tombes de chevaux dans ce cimetière unique au monde. Abandonnées après la révolution, l'écurie et les pierres tombales se sont considérablement dégradées. Cf. la communication de Jean-Louis Gouraud, reprise par Guillaume Henry dans la revue *Eques*, n° 26.

Victoria d'Angleterre pour son fils, le prince de Galles [1].

Sans doute, en revenant d'une visite à ses chevaux ou à ses chiens, Nicolas Ier ne peut-il s'empêcher de rêver à une Russie idéale, à la fois paisible et obéissante, qui serait organisée à la façon d'un chenil aux cages spacieuses, confortables ou d'une écurie modèle, avec ses stalles numérotées, ses mangeoires bien garnies et ses bat-flanc destinés à empêcher les bagarres entre voisins. Ce balancement de son esprit, allant de la tendresse paternelle envers les quadrupèdes à une aveugle dureté envers les bipèdes, influe, à son insu même, sur sa politique. Face à son peuple, il persévère dans l'intransigeance tout en se donnant, de loin en loin, l'excuse d'une louable charité chrétienne.

Tournées d'inspection sévères aux abords du palais, dans les bureaux de l'administration et dans les casernes, ou visites affectueuses dans les chenils et les écuries, tous les déplacements du tsar sont programmés avec la même exactitude. Quel que soit son emploi du temps hors du palais, il rentre bourgeoisement chez lui, à quatre heures précises, et dîne en famille. Cependant, même en présence des siens, il ne quitte pas son uniforme. En se levant de table, il se remet au travail jusqu'à sept heures du soir. Après la dernière audience, il retrouve avec bonheur sa femme et ses enfants. Mais, à neuf heures, il est de nouveau seul, dans

1. Le futur Édouard VII. Cf. Publication du *Club du barzoï* en France (1994).

son cabinet de travail, penché sur des papiers. Les rares passants qui longent les quais de la Neva voient ses fenêtres éclairées jusqu'à une heure avancée de la nuit. Soudain la fantaisie le prend d'inspecter le corps de garde du palais. Il se précipite. Tout est en ordre. Pas un bouton ne manque. Les sabres sont bien astiqués. Rasséréné, il regagne son bureau et se replonge dans les problèmes de haute politique.

Souverain exemplaire, il se veut aussi le modèle des époux et des pères de famille. Son amour pour sa femme est constant, écrasant, tyrannique. Après quinze ans de mariage, il éprouve pour elle la même ardeur et le même besoin de domination protectrice qu'au début de leur union. Attendri par sa santé fragile, il tremble lorsqu'elle est malade, mais n'hésite pas, dès qu'elle est rétablie, à l'entraîner dans le tourbillon des réceptions et des voyages. Elle n'est pas hostile, du reste, à la vie mondaine. Son goût effréné de la danse ne l'a pas quittée malgré les neuf grossesses qui ont épuisé sa santé. Très grande, très svelte, elle a un port majestueux et un sourire aimable. Mais un tic nerveux, contracté pendant les terribles événements du 14 décembre 1825, lui fait branler la tête. Ses yeux bleus rayonnent d'une pensée mélancolique. « L'impératrice, quand on l'approche, a une expression de figure très séduisante, écrit Custine, et le son de sa voix est aussi doux, aussi pénétrant que la voix de l'empereur est naturellement impérieuse. [...] À travers la réserve obligée du langage et des habitudes de la Cour, on voit qu'elle a du cœur. [...] Elle est plus impératrice que femme. Elle m'a paru extrêmement fatiguée : sa maigreur est effrayante. Il n'y a personne qui ne dise que l'agitation de la vie qu'elle mène la consumera, et que l'ennui d'une vie plus calme la tuerait. » Alexandra aime les toilettes claires et les bijoux scintillants. Sa frivolité se nuance de tristesse. Ignorant tout des aspirations et des soucis de ses sujets, elle ne vit que pour l'animation superficielle des bals, des fêtes, des spectacles. Il ne lui viendrait pas à l'idée de critiquer, ni même de conseiller, le tsar qui, pour elle, a toujours raison. Elle l'admire, elle se blottit dans son ombre, elle ne voit le monde russe que par les yeux de son « Nicks » bien-aimé. Nicolas, de son côté, lui donne le diminutif allemand de « Mouffy ». Malgré toutes ces années passées à Saint-Pétersbourg, elle demeure, sur le trône de Russie, une petite princesse prussienne, attachée au souvenir de sa patrie. Pour ce couple uni, toutes les occasions de se retrouver en famille représentent d'heureux instants de détente. Les repas intimes sont servis dans une petite salle à manger ornée de fresques pompéiennes. En dehors de Nicolas et des siens, seules trois ou quatre personnes sont admises à la table. Ce sont toujours de proches collaborateurs du tsar : Benkendorff, Orlov, le général-prince Volkonski, ministre de la Cour, Paskevitch, Meyendorff... Le repas, très frugal, ne dure guère plus d'une demi-heure. Le cuisinier français commente lui-même les plats à l'intention de l'empereur, qui sourit avec amusement. Les serviteurs s'empressent en un silencieux ballet autour des convives. Nicolas mange peu et vite, ne boit que de l'eau et attend le dessert pour avaler un verre de vin du Rhin. Pendant le rigoureux carême orthodoxe, son menu ne comporte que du poisson et des légumes. Le soir, il se régale, la plupart du temps, d'un « potage parmentier ». La conversation se déroule d'habitude en russe ou en allemand. On parle des intrigues de la Cour, des derniers spectacles, rarement des événements politiques. En sortant de table, on se rend dans le cabinet de l'impératrice, tendu de damas rouge, et dont les fenêtres donnent sur la Neva. Les meubles y sont « dans le style florentin » et des tableaux de Murillo, de Carrache, du Dominiquin ornent les murs. Assis en demi-cercle devant le couple impérial, les invités prennent leur café en bavardant. Personne ne fume. Nicolas ne supportant pas l'odeur du tabac, il en a interdit l'usage dans tout le palais et même dans les rues de la capitale. Parfois, d'autres privilégiés se joignent au petit groupe pour entendre un orchestre de chambre. En ces occasions, Nicolas ne dédaigne pas de jouer lui-même du cornet à piston. Ou bien, il parcourt des yeux et commente les « lettres vertes » (ainsi nommées à cause de la couleur du papier) que la princesse de Lieven adresse à l'impératrice de Londres et de Paris. Tout ce qui est parisien irrite Alexandra. Elle n'a pas pardonné aux Français de s'être laissé entraîner par Napoléon à envahir la Prusse. On trouve rarement un livre français sur sa table. En revanche, la littérature allemande est fort prisée au palais d'Hiver. Souvent, une demoiselle d'honneur lit à haute voix, pour la famille impériale, une tragédie de Schiller ou de Goethe.

Durant la grande saison d'hiver, le Tout-Saint-Pétersbourg est en effervescence. Les bals succèdent aux soupers et aux réceptions. Les ambassadeurs étrangers et les grands seigneurs russes rivalisent de splendeur dans l'ordonnance des fêtes. Nicolas et Alexandra, toujours inséparables, sortent presque chaque soir. Délaissant pour un temps les réunions intimes, ils sacrifient de gaieté de cœur aux exigences de la représentation protocolaire. Le public les aperçoit aux spectacles de l'Opéra italien, du Théâtre français ou lors des représentations de gala des troupes russes. Quand Nicolas apparaît, accompagné de son épouse, dans la loge impériale, toute la salle se dresse d'un seul mouvement. « L'empereur, en grand uniforme, d'un rouge éclatant, est singulièrement beau, note Custine. Avant de s'asseoir, il salue l'assemblée avec la dignité pleine de politesse qui le caractérise. L'impératrice salue en même temps. [...] La salle tout entière rend aux deux souverains révérence pour révérence et, de plus, les couvre d'applaudissements et de hourras. »

Au printemps, ce ne sont que raouts, bals parés, bals champêtres. L'impératrice danse à en perdre le souffle, valses et mazurkas. La Cour reçoit tous les lundis dans le salon blanc du palais Anitchkov. Vêtues de robes aux tendres couleurs florales, les plus jolies femmes de Saint-Pétersbourg se pressent à ces rendez-vous de l'élégance et de la notoriété. Grand amateur de galanterie, Nicolas papillonne auprès d'elles. Il fait la cour tantôt à l'une, tantôt à l'autre, mais sans jamais dépasser les limites de la bienséance. Ses moindres regards, ses moindres sourires sont guettés par la foule des courtisans qui les interprètent comme les signes d'une nouvelle passion. Mais, très vite, ils doivent se rendre à l'évidence : l'empereur n'est frivole que par goût du divertissement. Ce qui lui plaît, c'est le jeu inoffensif de la coquetterie. Il ne songe jamais à conclure. « Ces choses-là devraient avoir un résultat, écrit Mme Smirnova-Rossetti, dame d'honneur de l'impératrice. Mais avec lui il n'y a point de fin. Il n'en a pas le courage : il attache une singulière idée à la fidélité conjugale [1]. »

De son côté, Mlle Tioutcheva, demoiselle d'honneur de l'impératrice, ironise, en écrivant : « L'empereur est une coquette. » D'ailleurs, Nicolas a la conscience tellement paisible qu'il s'amuse à évoquer, en tête à tête avec la tsarine, les propos piquants et les regards prometteurs qu'il a échangés, derrière son dos, avec les dames de son entourage. Pour l'instant, la seule pensée de trahir la confiance de sa femme lui paraît sacrilège. Ensemble, ils veillent à l'éducation de leurs enfants. C'est l'illustre poète Joukovski, l'ami de Pouchkine, qui est chargé de l'instruction de l'aîné de leurs fils, le grand-duc Alexandre. Les frères et les sœurs de l'héritier du trône sont élevés, comme lui, dans le respect de Dieu, des parents, de la

1. Mme Smirnova-Rossetti, *Souvenirs*.

patrie et de la tradition. Nicolas se flatte d'être un modèle de vertu pour son peuple. Si le badinage est bien vu au palais d'Hiver, tout dérèglement de mœurs attire sur les coupables la fureur du monarque. Nombre de ménages restent unis, malgré leur mésentente, pour ne pas lui déplaire. En sa présence, chacun se veut propre jusqu'au fond du cœur. Pour eux il est la grande âme nationale faite homme. Rares sont les Russes qui osent le regarder en face. Ses invitations sont des ordres. Convié à un bal au palais d'Hiver, même un grabataire se traînerait sur les lieux pour ne pas désobéir à Sa Majesté. Devant le tsar, selon Gallet de Kulture [1], chacun demeure immobile, fasciné, humble, et tout palpitant car, « d'un signe, d'un mot, cet homme qui fait trembler, qui aime à faire trembler et ne pardonne pas à ceux qui ne tremblent point, peut tout prendre, fortune, liberté, honneur, la vie même ». Et le colonel Strijovski, à quelqu'un qui lui demandait s'il aimait le tsar, répondit ingénument : « Je ne sais si cela me serait permis [2]. »

Ces bals au palais d'Hiver sont l'occasion d'un extraordinaire étalage de richesse. Custine affirme que, même au congrès de Vienne, il n'a pas vu autant de luxe, de pierreries et de toilettes élégantes. Chez les hommes, pas un seul habit noir, rien que des uniformes rutilants. Toutes les poitrines sont bardées de décorations. Les officiers de

1. *Le Tsar Nicolas et la Sainte Russie*, par Gallet de Kulture, Paris, 1855.

2. Jocelyne Fenner, *op. cit.*

la Garde portent une culotte courte de drap blanc, des bas de soie, des souliers à boucle d'argent. Les femmes, par décision de Nicolas, ont revêtu la robe nationale blanche, à corsage de velours rouge et longue traîne brodée. Sur leurs cheveux, scintille le *kokochnik,* coiffure de l'ancienne Russie en forme de diadème. Les dames d'atour ont agrafé sur leur corsage, du côté gauche, un portrait miniature de l'impératrice orné de diamants. Cette réunion de courtisans, habillés selon les exigences du protocole, est à la fois somptueuse et figée. Tout semble soumis à une discipline militaire. Même les sourires sont convenus. On est gai sur ordre, avec au cœur la crainte d'indisposer le maître de céans. Nicolas, en tenue d'apparat, domine de la tête les dignitaires et les membres du corps diplomatique qui l'entourent. Les invités sont immobiles comme des statues. Au premier coup d'archet, les marionnettes s'animent. Tous les quadrilles se mettent en branle en même temps et exécutent successivement les différentes figures imposées. On se tient par la main, on se salue, on change de partenaire. Ou bien, c'est une « polonaise » que joue l'orchestre, et les danseurs se promènent par couples, d'un pas solennel, à travers les salles. La lente procession ondule aux sons de la musique. « C'est amusant à voir une fois, note Custine, mais je crois que, pour les gens destinés à danser cela toute leur vie, le bal doit être un supplice. » Après le dernier accord, le cortège se disloque, chacun regagne sa place et se pétrifie à nouveau. L'empereur déambule parmi la foule, précédé de deux chambellans. Les rangs s'ouvrent en silence pour lui livrer passage comme les flots devant l'étrave d'un navire. De loin en loin, il s'arrête face à un de ses invités et lui dit un mot aimable. Le bénéficiaire de cette attention en garde au cœur fierté et reconnaissance.

Lors d'un de ces bals, Custine, posté à une fenêtre du palais, est saisi d'un enthousiasme muet à la vue de l'immense cité nocturne, avec ses toits, ses coupoles, ses tours, ses flèches et ses colonnades. « On eût dit que la ville, le ciel, la mer, que la nature entière voulait concourir aux splendeurs de cette Cour », écrit-il. Une voix douce le fait sursauter. Il se retourne : c'est l'impératrice. « Que faites-vous donc là ? » lui dit-elle. « Madame, j'admire ; je ne sais faire que cela aujourd'hui », lui répond Custine en s'inclinant. La galerie où est servi le souper le stupéfie par ses dimensions et son luxe étincelant. « Dans cette fête, tout me semblait colossal, écrit-il. Tout était innombrable, et je ne savais ce qu'il fallait admirer le plus de l'effet de l'ensemble ou de la grandeur et de la quantité des objets considérés séparément. Mille personnes étaient assises à la fois à cette table. » Après le repas, il retourne dans la salle de bal et s'approche d'une autre fenêtre. Celle-ci ouvre sur la grande cour intérieure. Et là, il constate avec surprise qu'une multitude grisâtre, misérable, docile se presse en contrebas. Dans la lueur des hautes croisées, des centaines de visages anonymes sont tournés vers le lieu de tous les fastes et de toutes les décisions. Par ordre de Nicolas, ces inconnus, appartenant aux classes les plus humbles, ont traditionnellement accès, certains soirs de liesse, aux abords du palais. Bercés par la rumeur des voix et les flonflons de l'orchestre, ils participent, dans l'ombre, aux réjouissances de leur empereur. « Les lueurs du crépuscule devenaient de plus en plus distinctes, et le jour paraissait, note Custine. En voyant cette foule muette d'admiration, ce peuple immobile, silencieux, et pour ainsi dire fasciné par les splendeurs du palais de son maître, humant avec un respect timide, avec une sorte de joie animale les émanations du royal festin, j'éprouvai une impression de plaisir. Enfin, j'avais trouvé la foule en Russie. »

Cette foule, Nicolas ne la voit pas, mais il devine sa présence derrière les murs. Et elle ne lui fait pas peur. Malgré les souvenirs tragiques du 14 décembre, il sait qu'existe entre elle et lui une espèce de pacte tacite : tant qu'elle lui obéira, elle sera heureuse. N'en a-t-il pas fait le serment en montant sur le trône ? Ainsi, la crainte qu'il inspire, le respect des traditions, l'amour de la patrie, tout concourt à sa déification, de son vivant même, par cinquante millions de sujets.

VIII

GRANDES ET PETITES RÉFORMES

Avec son patriotisme obstiné, sa dévotion au passé, son attachement aux dogmes orthodoxes, son goût de l'ordre, son sens du devoir, sa haine des intrigues et des cabales, sa volonté enfin de réussir là où tant d'autres ont échoué, Nicolas manque singulièrement de souplesse pour diriger la politique de l'Empire. Alors qu'il a affaire à des masses humaines diverses et sensibles, il prétend leur appliquer des mesures rigoureuses, comme s'il se trouvait en face d'un problème mathématique. Il traite la matière vivante en ingénieur, non en chef d'État. Il est emporté, brutal même. Il estime que toute concession à l'opinion publique conduit à l'affaiblissement du pouvoir et que le désordre républicain guette les monarques au cœur tendre. Quelques années de règne l'ont persuadé que sa science dépasse de loin celle de ses ministres. Ils ne sont pas ses inspirateurs mais ses exécutants. « Il se croit sincèrement capable de tout voir de ses propres yeux, de tout entendre avec ses oreilles, de tout réglementer selon son savoir », constate Mlle Tioutcheva. Elle le qualifie même, à part soi, de « Don Quichotte de l'Autocratie ». Et le diplomate autrichien Colloredo écrit à Metternich : « La manière minutieuse dont l'empereur s'occupe des détails a pour but de montrer qu'il sait tout, qu'il peut tout, qu'il a le temps pour tout [1]. »

Souverain protéiforme, il délaisse des dossiers financiers pour participer à l'extinction d'un incendie dans la ville, accroche de ses propres mains les tableaux qu'il aime dans les galeries du musée de l'Ermitage, règle un feu d'artifice, malgré la pluie, se préoccupe du sort d'une jeune fille enlevée par son fiancé. Son bonheur est de sauter d'un sujet à un autre, de se substituer à des subalternes incompétents, de trancher dans le vif. Peut-être ce besoin d'avoir l'œil à tout est-il inspiré par la conscience du laisser-aller, de la nonchalance fondamentale dont souffre la nation russe. Nicolas a beau disposer, en principe, d'un pouvoir absolu, sa volonté est dénaturée, laminée en passant par les multiples rouages de la bureaucratie : « Nulle part maître plus adulé ne fut moins obéi », note Custine. Dans ce pays immense, l'administration provinciale, éloignée de Saint-Pétersbourg, vit selon les caprices de ses petits chefs. Les fonctionnaires et les magistrats en prennent à leur aise avec la population locale. Ils sont, dans leurs fiefs, des potentats secondaires mal retribués et qui se rattrapent en rançonnant aussi bien les gens modestes

1. Constantin de Grünwald, *op. cit.*

que les gros commerçants de la circonscription. À tous les échelons, règnent l'ignorance et la gabegie. Les pots-de-vin sont une institution nationale. La plupart des gouverneurs détournent à leur profit les deniers publics. Dans les tribunaux, les verdicts sont rendus à huis clos, avec un net avantage aux plaideurs qui ont su mettre la main à leur poche. La bienveillance des commissaires de police s'achète selon un tarif qui est connu de tous dans le district. Cet univers de lâcheté, d'injustice, de vol et de pourriture que Gogol a évoqué avec une verve féroce dans sa comédie, *Le Revizor*, Nicolas en est informé par les rapports qui s'accumulent sur sa table. « Chez nous, écrit-il en marge d'un mémorandum de 1826, le copiste, le secrétaire, le juge font tout pour de l'argent et rien sans argent. » Et il soupire, devant le grand-duc héritier : « Il me semble que dans tout l'Empire il n'y a que toi et moi qui ne soyons pas des voleurs [1]. »

Pour assainir la lourde organisation des services publics, il expédie aux quatre coins de la Russie des ordres comminatoires portés par des *feldjaeger*. Ces agents du tsar ont priorité, aux relais, sur tous les autres voyageurs pour le changement des chevaux. Ils roulent nuit et jour et tombent comme la foudre au milieu des coupables. Dans les cas graves, on envoie sur place un inspecteur général, un *revizor*. Malgré ce contrôle renforcé, la corruption continue dans le pays habitué à une sorte de

1. Cf. Constantin de Grünwald, *op. cit.*

lèpre aimable, de paresse bon enfant. Parfois, Nicolas décide de frapper un grand coup et, dédaignant le concours des inspecteurs généraux, se rend lui-même sur les lieux. Il veut surprendre ses sujets. Mais, mystérieusement avertis, ils se préparent en hâte à sa venue. On blanchit les maisons, on repeint les barrières, on rafistole les uniformes, on nettoie les hôpitaux et les prisons, les femmes de la haute société courent chez leurs couturières pour commander des robes à la mode. Quand Nicolas arrive, il trouve une ville propre, joyeuse et prospère. Les acclamations lui montent à la tête. Il visite quelques établissements publics, au pas de charge, passe des troupes en revue et repart avec le sentiment complexe d'être à la fois comblé et dupé. Tout en se disant qu'il n'a eu qu'un aperçu superficiel de son Empire, il ne peut s'empêcher de penser que la façade est belle. C'est déjà beaucoup ! Pour le reste, on verra plus tard. « Tout s'est passé avec un ordre et une perfection admirables, écrit-il de Voznessensk à sa femme. Les étrangers ne savent plus que dire et effectivement c'est idéal [1]. » Mais l'ambassadeur de France, le baron de Barante, confie dans une lettre au comte de Molé : « Jamais un examen attentif de l'administration, des besoins locaux, de l'état du commerce et de l'industrie ; jamais de conversations détaillées et réellement instructives, soit avec les agents civils soit avec les principaux habitants ; les visites aux établissements publics ne sont

1. Lettre du 20 août 1837.

qu'un passage rapide où l'ordre extérieur et la propreté peuvent seuls être appréciés [1]. »

Enfin conscient de l'impossibilité de secouer l'apathie du pays sans l'aide de quelques ministres énergiques, Nicolas réorganise le gouvernement et s'entoure d'hommes qui, pense-t-il, sauront donner une forte impulsion à la machine administrative. Pour commencer, il se sépare de certains collaborateurs intimes de son prédécesseur, tous partisans d'une réaction aveugle et systématique. C'est ainsi que le sinistre Araktcheïev est relevé de ses fonctions de rapporteur au Comité des ministres, puis de celles de chef des colonies militaires. Le curateur de l'université de Kazan, Magnitski, fameux pour la terreur qu'il inspire aux étudiants, est écarté de son poste et exilé à Reval. Rounitch, curateur de l'université de Saint-Pétersbourg, subit le même sort pour les mêmes raisons. Quant à l'archimandrite Photius, ce moine fanatique qui a eu tant d'influence sur Alexandre Ier, il reçoit l'ordre de ne plus quitter son monastère.

En revanche, Nicolas garde auprès de lui deux dignitaires nommés jadis par son frère et dont il apprécie l'intelligence et la capacité de travail : Michel Speranski et Igor Kankrine. Speranski, qui, dans le passé, a fait preuve d'un vif esprit réformateur, est chargé par lui de recueillir, de classer et de

1. Lettre du 12 novembre 1837. Cf. Constantin de Grünwald, *op. cit.*

codifier l'épais fatras des lois et coutumes contradictoires de la Russie. Il est aidé dans cette tâche par le scrupuleux Balougianski, chef nominatif du Deuxième Bureau. En réalité, Nicolas se méfie quelque peu de Speranski, l'« Européen », d'autant que, selon certains rapports de police, les Décembristes l'avaient désigné pour faire partie du gouvernement provisoire en cas de victoire du mouvement. Pour s'assurer de la loyauté de cet homme exceptionnel, il le nomme membre de la Haute Cour, précisément appelée à juger les conspirateurs. Ainsi, par la volonté du souverain, Speranski se voit contraint d'interroger et de châtier des libéraux dont il partage les idées. D'anciens camarades défilent devant lui. Au lieu de les embrasser, il doit les interpeller avec froideur et les classer dans les différentes catégories de criminels qu'il a lui-même inventées. Déchiré entre son amitié envers eux et son dévouement à la cause monarchique incarnée par le nouvel empereur, il accomplit sa mission avec un mélange de honte, de remords et de cruelle lucidité. Le résultat convient à Sa Majesté. Speranski est blanchi. Le plus bel avenir s'ouvre devant lui. Cependant, Nicolas ne se départira jamais d'une certaine méfiance à l'égard de ce juriste infatigable mais qui a eu le tort de rêver, dans sa jeunesse, d'une Constitution. Il se sent plus à l'aise dans la compagnie de Kankrine, dont les opinions conservatrices le rassurent. Au vrai, les connaissances financières de ce ministre, son intuition en affaires et sa froide ténacité en imposent au souverain, qui, sur ce terrain, se découvre dangereusement novice.

Parmi les autres collaborateurs que choisit Nicolas, le plus représentatif est le général Benkendorff. Sous le règne d'Alexandre Ier, Benkendorff avait déjà une discrète vocation policière. Avec l'avènement de Nicolas, il voit cette activité renforcée et officialisée. Son rôle est de traquer tous ceux qui, dans l'Empire, n'ont pas la pensée droite. Pourtant, cet homme n'a rien d'une brute assoiffée de larmes. Directeur du terrible Troisième Bureau et chef du corps des gendarmes, il tient à paraître élégant, aimable et raffiné. « Son apparence ne présentait rien de désagréable, écrit Alexandre Herzen. Il ressemblait aux nobles des provinces de la Baltique et, en général, à l'aristocratie allemande. Son visage était fripé et las, son regard trompeusement bon ; c'est celui des personnes souples et apathiques [1]. » Volontiers hautain avec ses subalternes, Benkendorff n'a qu'une instruction limitée, mais ne s'exprime jamais autrement qu'en français. Très sensible à la beauté des femmes, il recherche la compagnie des créatures les plus faciles et oublie parfois les obligations de sa charge pour des rêves d'alcôve. Les actrices françaises en tournée à Saint-Pétersbourg doivent se défendre contre ses assiduités. Tenté jadis par la franc-maçonnerie, il se convertira, sur le tard, à la religion catholique. C'est en reconnaissance de son attitude farouchement fidèle que

1. A. Herzen, *Passé et méditations*.

Nicolas a choisi de le tirer de l'ombre et de l'associer à la direction des affaires publiques. Comblé de faveurs, siégeant au Conseil d'Empire et au Comité des ministres, reçu à toute heure dans le cabinet de Sa Majesté, Benkendorff a pour son maître et son bienfaiteur une adoration sans défaut. Il voudrait être son chien de garde et écarter de lui les esprits malveillants. Mais ces instincts de cerbère s'accordent mal avec la nonchalance de son tempérament. La paperasse l'ennuie. À chaque instant, il est distrait de ses fonctions par quelque vétille. « Il n'étudie rien, ne lit rien et ne sait même pas convenablement l'orthographe, affirme le baron Korff. Il écoute aimablement les quémandeurs sans rien comprendre à ce qu'ils lui disent. » Et Herzen est plus sévère encore : « Combien de victimes innocentes n'ont-elles pas passé entre ses mains, combien ont péri à cause de sa distraction ou parce qu'il était occupé à faire la cour aux dames [1]. »

Derrière ce personnage brouillon, se dresse une silhouette autrement inquiétante. Celle du général Dubbelt, chef d'état-major au corps des gendarmes. Herzen, toujours lui, le décrit en ces termes : « Son visage amaigri aux longues moustaches claires, son regard fatigué aux lueurs de bête fauve, les rides de ses joues et de son front indiquaient nettement que des passions violentes l'avaient secoué avant que l'uniforme bleu azur [celui des gendarmes] eût vaincu, ou plutôt recou-

1. Constantin de Grünwald, *op. cit.*

vert, ce qu'il y avait de meilleur en lui [1]. » Dubbelt dispose, aux côtés de Benkendorff, d'un véritable pouvoir occulte. L'investigation policière est sa passion. Les lettres de délation sont sa nourriture quotidienne. Disséminés à travers le pays, ses espions s'acharnent à détecter le moindre signe d'insubordination dans les esprits. Toute velléité de libéralisme est aussitôt dénoncée et étouffée. Pris dans cette toile d'araignée, dont le centre est le Troisième Bureau à Saint-Pétersbourg, les sujets de Nicolas ont le sentiment d'être épiés du matin au soir. Un regard fouineur pèse sur eux, lit leur correspondance, viole les secrets dans leur cerveau. Il faut se méfier, même des amis intimes. La peur de déplaire en haut lieu empoisonne la vie. Et, en effet, les pouvoirs du Troisième Bureau de la Chancellerie impériale sont pratiquement illimités. Cette vaste machine inquisitoriale est chargée de rechercher les criminels politiques et de veiller à leur arrestation, de recueillir des renseignements sur les sectes religieuses, sur les étrangers et sur les individus suspects, d'enquêter dans les villes et les campagnes pour déceler l'humeur des habitants, de coiffer les administrations centrales et locales, de diriger la censure, de s'immiscer dans les affaires littéraires et de prendre des mesures d'intimidation contre les écrivains dont les œuvres témoignent d'une trop grande audace. Tous les rapports du Troisième Bureau arrivent sur la table de Nicolas. À travers eux, il s'informe sur la

1. *Ibid.*

vraie pensée de la population et sur l'activité des fonctionnaires. Aucun problème ne lui semble négligeable. Souvent, il fixe lui-même les sanctions : destitution, enrôlement de force dans l'armée, emprisonnement, déportation dans quelque région lointaine de l'Empire et, parfois, pour « faire subir une cure à l'esprit », internement dans un asile d'aliénés [1]. Même les conflits entre parents et enfants, dans les familles de notables, justifient son intervention. Il châtie les libertins, les prodigues, les débauchés. Gardien de la morale, il entend la faire respecter à tous les étages. Le Troisième Bureau lui paraît un excellent instrument pour soumettre l'ensemble de la nation à un contrôle tatillon. Il ne se rend pas compte qu'en croyant se rapprocher des masses, grâce à l'activité de ses agents de renseignements, il devient plus dépendant que jamais de la bureaucratie. En développant les prérogatives de celle-ci, il élève une muraille d'incompréhension entre le pays vivant et lui-même. Il se charge, aux yeux des Russes, de tous les défauts qu'ils reprochent aux trop zélés exécuteurs de ses désirs. Au début de son règne, il inspirait à la fois la crainte et l'amour. Bientôt il n'inspirera plus que la crainte. Sans l'avoir prémédité, il vient d'inaugurer un nouveau style d'oppression : le terrorisme paternaliste.

Pourtant, ses intentions sont louables. Il est

1. Cf. Étude sur Nicolas Ier par Miakotine dans *Histoire de Russie* de Milioutine, Seignobos et Eisenmann.

résolu à promouvoir de grandes réformes pour le bonheur de la patrie. Encouragé par lui, Speranski, à la tête du Deuxième Bureau de la Chancellerie impériale, mène à bien son effort de codification des lois. Avec une volonté affichée de cohésion et de clarté, il condense toute la législation russe en quatorze volumes : lois fondamentales, lois administratives, lois civiles, lois pénales... Les bases de la vie publique et privée de l'Empire sont désormais fixées d'une façon intangible. L'autocratie a trouvé ses assises juridiques. Le Code Speranski, adopté par le Comité des ministres, entre en vigueur à partir de 1835.

Une autre réforme d'envergure concerne les finances du pays. À la fin du règne d'Alexandre Ier, elles sont gravement désorganisées. Les assignats ont une valeur qui varie selon les provinces. L'absence d'une unité monétaire compromet le développement du commerce et de l'industrie. À peine nommé ministre des Finances, le général Kankrine s'emploie à réduire les dépenses publiques. Puis, à son initiative, le manifeste du 1er juillet 1839 fait du rouble argent l'étalon monétaire et transforme les assignats en « monnaie auxiliaire ». Ceux-ci sont stabilisés au cours forcé de trois roubles cinquante pour un rouble argent. L'année suivante, Kankrine a recours à l'émission de « billets de dépôt », qui sont admis à circuler au pair de la monnaie d'argent et des assignats. Le succès de cette mesure est immédiat. Peu à peu, les assignats sont supprimés. Il n'y a plus en Russie que des pièces d'or et d'argent et un papier monnaie librement échangeable, à valeur égale. L'industrie en profite pour prendre un formidable essor. Le nombre des fabriques se multiplie, la production augmente, les exportations atteignent des chiffres records.

Il semble à Nicolas que le moment est venu de réexaminer la condition des sujets de dernière catégorie. Conscient de l'isolement de la Russie devant le problème des inégalités civiles, il pense que le statut actuel du servage n'est pas compatible avec la modernisation du pays. Aussi charge-t-il le Cinquième Bureau de la Chancellerie impériale d'élaborer une réforme en profondeur de la structure sociale des populations de l'Empire. Créé le 6 décembre 1826 et désigné sous le nom de « Comité du 6 décembre », cet organisme doit, selon la volonté de l'empereur, travailler dans le plus grand secret et ne reculer devant aucune initiative. Or, dès le début, l'importance de l'entreprise paralyse le zèle des novateurs. Après avoir critiqué le mauvais recrutement du Sénat et préconisé l'inamovibilité des juges pour assurer leur indépendance, ils renoncent à cette mesure par crainte d'ébranler la puissance impériale. Ils montrent la même timidité dans la discussion de la surveillance à exercer sur l'administration locale qu'on voudrait « ni despotique ni personnelle ». Finalement, malgré des velléités de libéralisme, ils décident que l'autorité centrale continuera de contrôler les agissements des fonctionnaires provinciaux.

Plus considérable et plus délicate encore est la principale tâche qui leur a été confiée par l'empereur, désireux d'alléger le sort des paysans. Alexandre Ier en avait rêvé, sans parvenir à aucune solution. Nicolas prend le relais avec une belle assurance. Sur cinquante millions d'habitants, la Russie compte quarante-cinq millions de serfs. Certes, il ne s'agit pas d'un esclavage proprement dit, puisque les paysans attachés à la glèbe ont une certaine autonomie villageoise, symbolisée par leur assemblée communale, le *mir*. Vingt millions d'entre eux dépendent de la Couronne et travaillent sur les terres domaniales. Les autres vingt-cinq millions appartiennent à des seigneurs qui ont le droit de les marier à leur guise, de les vendre, de les punir, de les déporter et, en cas de résistance, de leur raser la tête et de les envoyer à l'armée pour vingt-cinq ans. En contrepartie, ils jouissent de la sécurité de l'emploi et souvent de la sollicitude de leur maître, qui tient à conserver en bon état son cheptel humain. Selon la richesse et le caractère du propriétaire, ils sont relativement heureux dans leur soumission ou contraints à des corvées, à des humiliations et à des exactions monstrueuses. C'est surtout à l'égard des serfs employés comme domestiques que les abus sont les plus fréquents. Certains nobles vivant sur leurs terres ont à leur disposition des tailleurs, des cordonniers, des carrossiers, des peintres, des musiciens, des acteurs, tous serfs, qui sont susceptibles d'être vendus du jour au lendemain. On lit dans les journaux des annonces ainsi rédigées : « À vendre un coiffeur et, en plus, quatre lits, des édredons et autres ustensiles. » Ou : « À vendre une fille de seize ans de conduite exemplaire et une calèche quelque peu usée. » Ou encore : « À vendre un cuisinier, un cocher et un perroquet. » Le prix d'un serf est d'ailleurs relativement peu élevé. Pour un chien de race, un seigneur paie jusqu'à deux mille roubles, pour un paysan, trois cents à quatre cents roubles. En vérité, le serf russe était plus libre au Moyen Âge. C'est en 1597, puis en 1601, que des nécessités d'ordre financier et militaire ont incité le législateur à lier le paysan à la glèbe, avec interdiction de passer d'un domaine dans un autre. Au XVIIIe siècle, l'État, ayant besoin du concours des nobles dans la guerre, leur a concédé, en échange de leurs services, des domaines de plus en plus vastes, dont la culture était assurée par des paysans fixés au sol. Catherine II a distribué ainsi huit cent mille âmes durant son règne. Paul Ier cinq cent mille. Sous Nicolas, l'institution du servage est tellement ancrée dans les mœurs qu'il lui semble impossible de l'abolir. Du moins, pense-t-il, pourrait-on l'améliorer. Il a conscience, en effet, qu'au-delà des frontières de la Russie on comprend de plus en plus mal cette exploitation de millions d'êtres humains par quelques privilégiés. Autour de lui, l'Europe entière en est indignée. Quel surcroît de prestige pour son nom s'il parvient à adoucir le sort de ses sujets les moins favorisés ! Dès la deuxième année de son règne, il incite le Comité, présidé par le comte Victor Kotchoubeï, à aller de l'avant. Tout en concédant que, « pour la majorité des hommes cultivés et sains d'esprit il est évident qu'il est non seulement utile mais même nécessaire de mettre fin à tout ce qui ressemble à la traite des hommes », Kotchoubeï craint que cette mesure ne soit interprétée par la classe possédante comme une « limitation du droit de propriété ». Le Comité se range à son avis. Le projet avorte. Quelques années plus tard, malgré l'opposition de son entourage, Nicolas revient à la charge et confie au très valeureux et très compétent général Paul Kisselev la direction du Cinquième Bureau de sa chancellerie. « Cette institution du servage ne peut rester dans son état actuel, lui dit-il. Mes ministres ne comprennent pas mes sentiments ; dans ma propre famille, mes frères se sont montrés réfractaires à mes projets. Je fais appel à ton aide. Je sais que je peux compter sur toi... Dieu nous inspirera et nous guidera. » Kisselev commence par s'intéresser aux serfs de la Couronne, dont il amende quelque peu la condition sans toutefois les affranchir. Puis il passe aux serfs seigneuriaux. Des sous-comités secrets, formés des plus hauts dignitaires, étudient la question. Malgré le mystère entretenu autour de ces travaux, des bruits de libération se répandent dans le peuple. Les paysans s'enhardissent et, çà et là, se révoltent. Les milieux aristocratiques sont inquiets de ce qu'ils considèrent comme une spoliation que rien ne justifie. À Moscou, les nobles, s'attendant à des émeutes, menacent de se retirer en Allemagne pour ne pas assister au scandale d'une émancipation, même partielle. Une telle mesure leur paraît contraire à la tradition, à l'histoire, au génie russe. Aux yeux des plus fidèles soutiens du trône, Nicolas passe pour un apprenti sorcier et même pour un parjure.

Devant le cataclysme que représenterait une décision radicale, l'empereur hésite. En 1842, il déclare au Conseil d'Empire : « Nul doute que le régime du servage soit un mal évident et dont tous se rendent compte. Mais y toucher, en ce moment, serait un mal plus grand encore. » Peu après, il précise sa pensée : « Octroyer la liberté aux serfs, dit-il, je ne m'y résoudrai jamais. Le temps est encore fort éloigné où l'on pourra envisager une pareille mesure et toute idée semblable serait actuellement un attentat criminel contre la tranquillité publique et le bien de l'État... Cependant, il est indispensable de préparer au moins la voie pour une transition progressive vers un nouvel ordre de choses. » Cette « transition progressive » se révélera elle-même difficile à réaliser. Timidement, on interdira aux nobles d'aliéner des serfs en les séparant de leur famille, on accordera aux serfs faisant partie d'une propriété vendue aux enchères le droit de racheter leur personne et leur parcelle, on autorisera le seigneur à céder à certains de ses serfs, par contrat librement conclu, des lopins de terre dont ils auront la jouissance à vie, en devenant des « paysans obligés ». Mais le fond du problème n'est pas résolu. En vérité, la pratique du servage fait depuis si longtemps partie du train de vie social et culturel de la Russie, que la majorité des gens de bonne volonté, tout en critiquant le principe, ne se résignent pas à y renoncer. Dans sa jeunesse, Léon Tolstoï, grand défenseur des moujiks devant l'Éternel, écrivait, dès juin 1854, dans son Journal : « J'ai bavardé toute la soirée avec Choubine [1] au sujet de notre esclavage russe. Il est vrai que le servage est un mal, mais un mal extrêmement aimable. » Obéissant à cette sage prudence, et compte tenu de l'enracinement du servage dans les mœurs, les « réformateurs » rédigent les nouveaux textes législatifs de façon si ambiguë que, dans la plupart des cas, ils ne seront pas appliqués. Ainsi, tout en se donnant l'illusion de limiter les pouvoirs des propriétaires fonciers, Nicolas renforce l'institution nationale du servage et réprime implacablement les moindres signes d'agitation dans les campagnes. Après des années de débats passionnés et des montagnes de papier noirci, l'intention initiale de l'empereur n'aboutit qu'à une seule réforme, de caractère secondaire : l'établissement d'un inventaire des corvées paysannes dans les provinces occidentales. Encore la discussion de cette loi au Conseil d'Empire donne-t-elle lieu à une empoignade tumultueuse entre novateurs et réactionnaires. « On se serait cru aux bains publics », écrira Kisselev. Nicolas se résigne sans trop d'amertume. Son autorité, qu'il tient de Dieu, s'est heurtée à l'inertie, à la mauvaise

1. Lieutenant, ami de Tolstoï.

volonté, aux calculs égoïstes de la caste possédante. Malgré son tempérament despotique, il ne se sent pas de taille à bouleverser les fondements de l'Empire. Ce n'est donc pas sous son règne que les paysans retrouveront la liberté et la dignité. Pour expliquer cet échec, il dira à Kisselev, dans un moment d'abandon : « Par trois fois, je me suis attaché au servage ; par trois fois, j'ai dû renoncer : c'est évidemment la volonté de Dieu. » Et déjà il songe à conquérir des titres de gloire sur un terrain plus propice.

IX

AGITATION DANS LES CHANCELLERIES

La politique extérieure de l'Empire obéit à des règles ancestrales que Nicolas n'envisage à aucun moment de transgresser. De génération en génération, la Russie poursuit sa marche obstinée en Asie et s'efforce, par la diplomatie ou la guerre, d'obtenir l'accès aux grandes voies maritimes à travers la mer Baltique et la mer Noire. Cette expansion territoriale, nécessaire à la respiration d'un pays immense, privé de frontières naturelles, s'accompagne de considérations idéologiques sur le rôle universel du génie slave. Patriote farouche, Nicolas voit toujours l'avenir du monde sous l'angle russe. Il charme les ambassadeurs étrangers par ses façons courtoises, mais, dès que la conversation touche à un sujet essentiel, il se cabre et s'emporte. Homme d'impulsion, il ne mâche pas ses mots et découvre ses intentions secrètes avec une rudesse qui déconcerte ses interlocuteurs. Ils n'ont plus devant eux un monarque de salon, mais un autocrate furieux, dont la voix tranchante et les attitudes théâtrales sont commentées avec inquiétude dans les dépêches diplomatiques. Ses excès verbaux sont souvent tempérés grâce à l'intervention de son vice-chancelier (plus tard chancelier), le comte Charles Nesselrode. Fils d'un Allemand catholique originaire de Westphalie et d'une juive convertie au protestantisme, élevé dans un « gymnase [1] » de Berlin, Nesselrode est néanmoins tout dévoué à la cause de son pays d'accueil. Il a des lettres, de l'esprit, de la ruse et une souplesse de caractère qui lui permet de se plier à toutes les situations sans perdre la face. S'il connaît mal la Russie populaire, ayant fait toute sa carrière à la Cour et dans les ambassades, il a pour Nicolas une admiration et une dévotion constantes. Tout en s'efforçant de modérer les élans parfois inconsidérés de son maître, il ne le contredit jamais sur le fond. Il dit lui-même qu'il n'est que le « modeste instrument des ordres et des projets politiques de Sa Majesté ». Nicolas dirige seul les destinées du pays, mais c'est Nesselrode qui, selon ses instructions, rédige les dépêches les plus importantes. Il y met toute la subtilité, tout le liant qui est le style obligé de ce genre de documents. Aussi, factotum docile et discret, ce Russe d'adoption est-il bien vu des grandes chancelleries d'Europe.

Depuis la répression, en 1831, de la révolte polonaise, l'épineuse question des Détroits conti-

1. Établissement d'enseignement classique en Allemagne et en Russie.

nue d'obséder l'esprit de Nicolas. Il ne cesse de penser à la Turquie comme à un pays moribond, dont la chute servirait les intérêts de la Russie. Mais il a signé avec le sultan le fameux traité d'Andrinople et il veut rester fidèle à ses engagements. En 1833, l'occasion lui est soudain offerte d'intervenir utilement dans les affaires de l'Empire ottoman. Un conflit vient d'éclater entre le sultan turc Mahmoud et le pacha d'Égypte, Méhémet Ali. Ce dernier, soutenu par la France, marche sur Constantinople. Affolé, le sultan appelle à la rescousse son ennemie d'hier, la Russie. Sans hésiter, Nicolas décide d'aider le sultan contre Méhémet Ali, qu'il considère comme un sujet rebelle et un ami des révolutionnaires européens. « Il faut défendre Constantinople contre l'attaque de Méhémet Ali, déclare-t-il. Toute cette guerre n'est que le produit de l'esprit de révolte qui s'est emparé actuellement de l'Europe et notamment de la France... Si Constantinople venait à succomber, nous aurions pour voisins des hommes sans abri, sans patrie, bannis par toutes les sociétés bien ordonnées ; ces hommes ne peuvent vivre tranquilles. Ils entourent en ce moment Méhémet Ali, emplissent les cadres de sa marine et de son armée. Je dois détruire ce nouvel embryon du mal et du désordre, et exercer mon influence dans les affaires d'Orient. »

La flotte russe de la mer Noire pénètre dans le Bosphore et un corps expéditionnaire débarque près de Constantinople. Sur les conseils de la France, Méhémet Ali suspend son offensive.

Aussitôt, Nicolas envoie le comte Alexis Orlov en Turquie, avec ordre d'exiger du sultan un juste prix pour les services rendus sur le terrain. Orlov fait son entrée à Constantinople avec une suite fastueuse, ébahit les Turcs par ses réceptions, distribue de copieux bakchichs et signe, en juillet 1833, à Unkiar-Skelessi, un traité fort avantageux pour la Russie. Selon les termes de ce document, la Turquie s'engage à ne laisser passer aucun bâtiment de guerre dans les Dardanelles, la Russie se chargeant seule de la défense de l'Empire ottoman, au besoin par la force. Ainsi, en même temps que Nicolas devient le protecteur de la Turquie, il obtient que l'accès de la mer Noire soit interdit aux navires de guerre des autres puissances.

Ce succès diplomatique, remporté sans effusion de sang, Nicolas se doute bien que l'Europe le digérera mal. Mais il estime que, mises au pied du mur, les grandes puissances seront ainsi contraintes de dévoiler leurs vrais sentiments envers la Russie. Victime de ses réussites politiques et militaires, il se demande sur quels amis il peut encore compter parmi les nations envieuses. Toutes les anciennes alliances lui semblent dangereusement bouleversées. Depuis que la France a ouvertement pris parti pour les révolutionnaires de Pologne, il la considère comme une ennemie déclarée. Il ne supporte pas que le Comité central des émigrés polonais siège à Paris, en l'hôtel Lambert, et prêche à l'Europe la haine du tsar bourreau de « la patrie crucifiée ». Les injures de la presse parisienne à son égard le hérissent. Lors de la querelle entre la

Belgique et les Pays-Bas, il a même envisagé d'intervenir militairement contre la France de Louis-Philippe, favorable aux insurgés belges.

En Angleterre, l'opinion publique est choquée par le traité d'Unkiar-Skelessi que lord Palmerston qualifie, devant la Chambre des communes, d'« accord nul et non avenu ». Là aussi, les Polonais émigrés entretiennent un climat d'indignation permanente envers Nicolas et sa clique de généraux « qui rêvent de conquérir le monde ». Certains parlementaires le traitent de « cannibale ».

La Prusse, à laquelle le tsar est sentimentalement attaché par sa femme, est trop faible pour que sa voix compte dans le concert des nations. D'ailleurs, elle s'est dérobée aux invites d'alliance militaire que Nicolas lui a adressées à plusieurs reprises.

Reste l'Autriche. Le chancelier autrichien Metternich a approuvé sans réserve l'intervention de Nicolas dans le conflit turco-égyptien. Ce soutien inespéré apporté au sultan semble au cabinet de Vienne un sage retour de la politique russe aux principes de la légitimité, celle-ci devant être défendue partout si l'on veut maintenir le statu quo en Europe. Nicolas saisit la balle au bond. Dès 1833, deux mois après la signature du traité d'Unkiar-Skelessi, il rencontre l'empereur d'Autriche François Ier et Metternich et prépare avec eux la convention de Münchengrätz. L'atmosphère est cordiale et mondaine. Le vieil empereur et le tsar de Russie chassent ensemble le faisan, jouent au billard, assistent à des spectacles dans le coquet théâtre du château. On a les mêmes idées sur tous les problèmes de l'heure. On se partage amicalement le monde. On est entre gens de même essence, de même rang, de même sang. Nommé par l'empereur François Ier colonel honoraire d'un régiment de hussards, Nicolas, ravi comme un enfant, se fait confectionner en hâte un uniforme hongrois et passe les troupes hongroises en revue. Tout va très vite. En quelques jours (le 6 septembre 1833) un accord est signé, par lequel la Russie et l'Autriche s'engagent à maintenir l'existence de l'Empire ottoman « sous la dynastie actuelle », se promettent d'agir ensemble dans l'éventualité d'un démembrement de la Turquie, réaffirment la légitimité de leurs possessions polonaises et décident de se porter secours mutuellement en cas de troubles révolutionnaires en Pologne. Un mois plus tard, la Prusse, d'abord réticente, adhère à cette convention. Ainsi, la Russie n'est plus seule à sauvegarder l'autorité du sultan ; liée à l'Autriche et à la Prusse, elle doit coordonner sa politique avec celle de ses alliés. C'est une grave modification apportée à la position que Nicolas avait prise au traité d'Unkiar-Skelessi. Mais il n'en a cure. Il se sent enfin épaulé par de grands États étrangers dans son souci de l'ordre européen et de la continuité monarchique. L'autorité subtile du chancelier Metternich le rassure, lui qui a dû se contenter jusqu'ici des conseils prudents du « petit Nesselrode ». Le système conservateur de la Triple Alliance forme à ses yeux un contrepoids nécessaire à l'entente des deux puissances maritimes, l'Angleterre et la France. La situation en Europe étant ainsi stabilisée, il peut se poser en défenseur de la paix, face aux agités de Paris et de Londres. Il a enfin pour lui non seulement l'opinion de son propre peuple mais l'estime de deux pays germaniques hautement civilisés. Cependant, il voudrait encore, pour parfaire son œuvre, affaiblir l'entente franco-anglaise. Aussi s'acharne-t-il, comme le dit Nesselrode, « à neutraliser autant que possible l'alliance funeste qui s'est établie entre la France de Juillet et l'Angleterre libérale ». Vains efforts, car les intérêts commerciaux britanniques s'opposent à la politique russe sur les rives du Bosphore.

Mais, en 1839, une nouvelle guerre éclate entre la Sublime Porte et l'Égypte. Attaqué par le sultan Mahmoud, le pacha Méhémet Ali réagit avec vigueur, bat les Turcs à plate couture et étend son pouvoir sur l'Asie Mineure, sur l'Arabie et jusqu'au Golfe persique. Adolphe Thiers s'empresse d'accorder son appui au pacha égyptien. Metternich suggère de réunir à Vienne une conférence des cinq puissances pour garantir l'intégrité de l'Empire turc. C'est un défi lancé à Nicolas qui n'a même pas été consulté. « On a oublié que la Russie existe ! » s'écrie-t-il. Alors, l'Angleterre propose de défendre Constantinople et de faire occuper les Dardanelles par les escadres des puissances européennes. Or, une telle intervention serait contraire aux stipulations du traité d'Unkiar-Skelessi. Cela non plus, Nicolas ne peut l'admettre. Mais sa voix n'est entendue de personne.

Devant l'insuccès de ses protestations, il change brusquement de politique et se rapproche de Londres. Selon ses directives, le baron de Brunnov entame des négociations délicates dont il résulte que, devant l'intransigeance de Méhémet Ali, la Russie se chargera des opérations sur terre et sur mer en Asie Mineure ou dans le Bosphore, tandis que l'Angleterre agira en Méditerranée et sur les côtes de Syrie et d'Égypte. Ainsi autorisée à pénétrer dans les zones précédemment interdites, la flotte anglaise oblige rapidement Méhémet Ali à se soumettre. En juillet 1840, un premier accord international, dont la France est écartée, apporte à la Turquie tout l'appui dont elle aurait besoin pour se prémunir contre de nouvelles prétentions égyptiennes. Un an plus tard, en juillet 1841, la France rejoint les alliés de la Turquie et la conférence de Londres place l'Empire ottoman sous la garantie des cinq grandes puissances : France, Russie, Angleterre, Autriche, Prusse. La fermeture des Détroits est reconnue comme un principe de droit public. Une paix durable est promise au continent tout entier. Mais elle implique la fin du protectorat russe sur la Turquie.

C'est à regret que Nicolas abandonne les avantages exceptionnels obtenus par le traité d'amitié russo-turc de 1833. Cependant, il se rend compte que, s'il persiste dans son dessein, il se heurtera tôt ou tard à l'Angleterre qui ne peut tolérer la mainmise de la Russie sur cette partie du monde. En acceptant de se rapprocher de son ancien adversaire, il espère isoler la France, cette France qu'il a tant aimée du temps de Charles X et qui est devenue sa bête noire depuis l'avènement de Louis-Philippe, surnommé — quelle honte ! — le « roi-citoyen ». Afin de prouver sa bonne volonté au gouvernement britannique, il a décidé d'envoyer, dès 1839, son fils, le grand-duc héritier, à Londres pour une visite d'amitié. Metternich s'indigne de ce projet et écrit à son ambassadeur en Russie, Ficquelmont : « Rien ne serait aussi compromettant, selon moi, que l'apparition du grand-duc dans ce pays où tout devrait l'engager à ne pas se trouver [1]. » Mais le voyage a lieu, au mois de mai, et lord Palmerston, satisfait, y voit une ouverture intéressante pour l'avenir. Nicolas se considère désormais comme l'allié de l'Angleterre. Il assure Palmerston que, si l'Angleterre est entraînée dans une guerre avec la France, il mettra à la disposition du gouvernement anglais des forces navales importantes. Il suggère que, dans l'éventualité d'un effondrement de la Turquie, la garde du Bosphore revienne à la Russie, celle des Dardanelles étant confiée à l'Angleterre et à l'Autriche. Il se déclare même favorable à une occupation de l'Égypte par des unités britanniques au cas où les circonstances l'exigeraient. En 1843, la conclusion d'un traité de commerce concrétise ces bonnes dispositions réciproques. Et l'année suivante, Nicolas se déplace en personne pour aller saluer la reine Victoria.

Le peuple anglais a oublié, entre-temps, son

1. Lettre du 26 mars 1839.

hostilité envers la Russie. Dans les rues de Londres, la foule acclame le nouvel allié, revêtu de son superbe uniforme. Dans les salons, les membres de la haute société apprécient l'élégance et la politesse d'un homme que, hier encore, ils traitaient de barbare. La reine Victoria, qui n'a que vingt-cinq ans à l'époque, reçoit le tsar à Windsor, au bas de l'escalier d'honneur. Elle porte une robe de laine noire, à longues manches, et des gants noirs. Nicolas note qu'elle a « les cheveux plats, relevés derrière les oreilles en petites nattes » et qu'elle est « gentille et fort petite, exactement telle qu'on la voit peinte, gravée et dessinée sur ses portraits [1]. » La conversation roule sur la vie de famille plus que sur la politique. Malgré son jeune âge, Victoria n'est nullement intimidée par son illustre visiteur qui l'écrase de sa haute taille. Elle le juge avec une lucidité étonnante. « L'expression de ses yeux est terrible, écrit-elle, je n'en ai jamais vu de pareils ; il est sévère et sombre, imbu de principes que rien au monde ne saurait changer. Je ne le trouve pas très intelligent ; son esprit est dénué de tout raffinement ; son instruction est très insuffisante ; la politique et l'armée, voilà les seuls sujets qui l'intéressent [2]. » Les compliments échangés avec Nicolas au cours d'un « banquet formidable » et d'une ennuyeuse représentation de

1. Lettre de Nicolas à l'impératrice Alexandra Fedorovna.

2. *The Letters of Queen Victoria. Published by Authority of His Majesty the King,* Londres, 1807. Cf. Constantin de Grünwald, *op. cit.*

gala ne la feront pas revenir sur son opinion. Elle se méfie de ce Russe qui déploie tant d'efforts pour l'amadouer, mais dont le regard d'acier dément les propos aimables. Il n'a pas plus de chance avec les hommes d'État britanniques. Quand il leur parle ouvertement de l'agonie prochaine de la Turquie et de l'intérêt qu'il y aurait à partager dès maintenant un si riche héritage, ses interlocuteurs, étonnés par la hardiesse de son langage, rentrent dans leur coquille. Il a beau tenter de les convaincre que, pour sa part, il ne désire « pas un pouce du territoire turc », mais qu'il faut « prévoir l'inévitable », s'entendre sur « des bases de justice » et « établir une convention entièrement franche et loyale », les Anglais ne croient pas à la sincérité de ses propositions. Pour eux, la Russie ne songe qu'à s'agrandir et à combattre les intérêts britanniques au Proche-Orient, en Asie et partout dans le monde. De quelque façon qu'elle se manifeste, la menace de l'hégémonie russe inquiète les sujets de la reine Victoria.

Après un séjour brillant et vide en Angleterre, Nicolas repart, déçu, sans avoir pu conclure le moindre accord avec ses nouveaux amis. Sa consolation est d'avoir, entre-temps, étendu ses frontières au Caucase. Pour lutter contre les razzias des montagnards, les troupes russes ont créé des villages fortifiés. Lentement, elles pénètrent au cœur des régions insoumises et encerclent les indigènes groupés sous les ordres de l'iman Chamil. Elles contrôlent déjà, avec la Géorgie, tout le versant méridional et, au nord-est, une partie du Daghestan. En outre, elles prennent pied dans la steppe Kirghize. Bientôt, leur occupation s'étendra jusqu'à la rive gauche du Syr-Daria.

Devant cette expansion irrésistible de la Russie, les Anglais sont de plus en plus persuadés que toute conciliation avec Nicolas serait illusoire. Plutôt que de s'entendre avec lui, ils préfèrent se préparer à l'abattre, le moment venu. Leur politique, comme toujours, s'inspire de l'expectative et de la prudence, en attendant l'orage qui ne manquera pas d'éclater.

X

LES SOUCIS DE FAMILLE

À mesure que les enfants grandissent, des soucis de famille s'ajoutent, pour Nicolas, aux soucis de la politique. Maître absolu de la Russie, sa vie privée ne lui appartient pas. Elle est une affaire publique dont la Cour suit les péripéties avec avidité. On a beaucoup critiqué l'union, en 1839, de sa fille aînée, la grande-duchesse Marie, avec Maximilien Napoléon de Beauharnais, duc de Leuchtenberg, petit-fils de l'impératrice Joséphine. Cette alliance avec un descendant de l'épouse du monstre Bonaparte a été ressentie par l'aristocratie russe comme un affront. Même réaction lors du mariage, en 1841, du grand-duc héritier Alexandre avec Marie de Hesse-Darmstadt. De petite naissance, elle passe pour n'être pas la fille du grand-duc de Hesse Louis II, mais du grand maréchal-baron de Grancy avec qui sa mère a entretenu une liaison. « Mésalliance », « humiliation pour le pays », martèlent les mauvaises langues. Nicolas n'accorde aucune attention aux clabauderies dont les échos parviennent jusqu'à lui. Après tout, d'autres souverains russes, dont Pierre le Grand, ont eu des épouses d'extraction modeste. La volonté d'un tsar est sacrée. Puisque Alexandre paraît sincèrement épris de sa femme, elle doit s'imposer à la vénération de tous. D'ailleurs, elle est jolie, douce et charmante. En demander plus, ce serait oublier que, dans un couple appelé à un destin impérial, ce qui importe c'est le caractère de l'époux, non la généalogie de l'épouse.

Cependant, Nicolas a conscience qu'il ne peut se permettre de multiplier dans sa famille des mariages au rabais. Son troisième enfant, la grande-duchesse Olga, Olly pour les intimes, qui, en 1842, vient d'atteindre ses vingt ans, mérite, par sa fraîche beauté et sa place exceptionnelle dans le monde, un fiancé appartenant à une illustre maison. Comme elle paraît éprise d'un officier des gardes de son père, le prince Bariatinski, on éloigne ce brave garçon en l'expédiant au Caucase pour combattre les tribus de montagnards. Le prince de Hesse, beau-frère d'Olga, est écarté en raison de ses mœurs volages. Le duc de Nassau, auquel on songe plus sérieusement, dédaigne la jeune grande-duchesse pour se marier avec la cousine de celle-ci, Élisabeth, fille du grand-duc Michel. L'archiduc Albert d'Autriche se met alors sur les rangs, mais il est évincé au profit de Maximilien, héritier du trône de Bavière. Or, au dernier moment, Maximilien se récuse. Du coup, on se hâte de repêcher Albert. Trop tard : il vient de se fiancer à une princesse bavaroise ! « Les meilleurs partis d'Allemagne nous échappent, écrit le baron Meyendorff, ministre de

Russie à Berlin. Le prince royal de Bavière épouse une petite idiote qui ne mérite pas de délier les cordons des souliers de nos grandes-duchesses. La crainte de notre luxe et de nos proportions grandioses y est pour quelque chose, mais le fond est notre grande impopularité [1]. »

Ces dérobades successives sont ressenties par Nicolas comme autant de camouflets. Décidé à réagir vite, il jette son dévolu, pour l'avenir d'Olly, sur un autre prince autrichien, l'archiduc Étienne, fils de l'archiduc Joseph, palatin de Hongrie. Ni l'empereur ni sa fille n'ont jamais rencontré ce jeune homme. Peu importe. La raison d'État prime les sentiments. Or, c'est précisément la raison d'État que Vienne oppose à ce projet : Metternich informe Saint-Pétersbourg que l'archiduc Étienne, étant destiné à occuper une « position spéciale » en Hongrie, ne saurait épouser une princesse non catholique. Nicolas tombe de haut. Les questions de religion doivent, selon lui, pouvoir se régler à l'amiable. Certes, il a conscience d'avoir malmené le clergé catholique en réprimant l'insurrection polonaise. Certes, il a rattaché l'Église gréco-uniate à la confession orthodoxe, ce qui a provoqué l'indignation de la Curie romaine. Certes, il a interdit les mariages mixtes en Pologne et fermé quelques couvents. Mais sont-ce là des raisons suffisantes pour empêcher Olga l'orthodoxe d'épouser Étienne le catholique ? Lui-même se considère comme un homme croyant et pieux.

1. Lettre à Nesselrode du 14 mars 1842.

Il lit volontiers la Bible et prie sincèrement à l'église. Les cérémonies religieuses lui paraissent autant de parades nécessaires à la bonne santé morale des fidèles. Le refus de l'Autriche le surprend et le vexe. Il y voit une rebuffade que rien ne justifie. Son premier mouvement est de ne plus insister auprès d'un pays qui ne veut pas de sa fille. Mais Olga se languit dans le célibat et fait de fréquentes retraites à l'ombre d'un monastère. Sa sœur cadette, la grande-duchesse Alexandra, a su, elle, décrocher un fiancé en la personne du prince Frédéric-Guillaume de Hesse-Kassel. Olga dépérit, Nicolas enrage. Dans un mouvement d'humeur, il décide de revenir à la charge auprès de la chancellerie autrichienne. Orlov est expédié à Vienne, porteur de deux lettres, l'une destinée à l'impératrice mère, l'autre à l'archiduc palatin. Malgré les avances de Nicolas, la famille impériale d'Autriche fait grise mine. On croit, ici, à une manœuvre du tsar, qui promet n'importe quoi, mais qui, au dernier moment, reprendrait sa parole. « N'est-il pas bizarre de voir une princesse proposer sa main à un prince ? déclare l'impératrice d'Autriche. Je ne me mêle de rien, mais je ferai tout pour empêcher un tel mariage. » À son instigation, Metternich rédige deux volumineux mémoires pour exposer que l'union souhaitée par la cour de Russie ne pourra se conclure qu'avec le consentement du pape. Qu'à cela ne tienne, Nicolas charge le conseiller d'État Struve, qui se trouve à Rome, de sonder les intentions du Saint-Siège dans cette affaire délicate. Le pape se récuse :

la dispense ne saurait être accordée que si c'est la maison d'Autriche qui la demande directement. On en revient au point de départ. Ce nouvel échec fait perdre à Nicolas tout sens de la mesure et de la dignité. Il veut à la fois faire le bonheur de sa fille bien-aimée et obliger l'Autriche et le Saint-Père à plier devant son autorité. Habitué à ce que nul ne lui résiste, il profite d'un voyage de sa femme en Italie pour la rejoindre, en décembre 1845, admirer avec elle quelques sites remarquables et se présenter incognito à Rome, sous le nom de comte Romanov.

À peine averties de sa visite, toutes les chancelleries s'interrogent avec inquiétude sur le résultat d'une rencontre entre le défenseur de la foi et le persécuteur des catholiques polonais. Sera-t-il seulement reçu ? Et de quelle façon ? À force de démarches, Nicolas obtient la faveur d'une audience privée. « Enfin, j'ai vu le pape et nous nous sommes cordialement embrassés, écrit-il à sa femme le soir même de l'entrevue. Je fus reçu au bas de l'escalier par toutes sortes de personnages en habits ecclésiastiques et par les gardes-suisses ; je montai ainsi ; à chaque porte, d'autres personnes, à chaque salle, d'autres gardes ; les appartements fort mesquins. J'arrivai ainsi à la dernière porte où le pape vint à ma rencontre, je le saluai, lui baisai la main et nous nous embrassâmes tendrement ; il est grand, bonne figure, gros nez, sale de tabac et de travers [1]. » Après les compliments

1. Lettre en français.

d'usage, Grégoire XVI reproche à Nicolas, en termes diplomatiques, les mauvais traitements qu'il fait subir aux catholiques dans son empire. Nicolas lui réplique que le clergé catholique, en Russie et en Pologne, entretient parmi le peuple l'esprit de rébellion. La question du mariage entre Olga et Étienne n'est même pas évoquée. Il en sera de même lorsque Nicolas reverra le pape pour l'audience d'adieu. Mais, cette fois encore, les paroles seront empreintes d'un mutuel respect. Nicolas n'en demandait pas plus. Il est persuadé d'avoir séduit Grégoire XVI et que celui-ci, en sous-main, finira par convaincre la maison d'Autriche. C'est dans cet état d'esprit qu'il se rend à Vienne.

Or, plus il approche du but de son voyage, plus il prend conscience de la déception qui le guette. Il s'est bercé d'illusions en croyant que sa visite au pape allait impressionner les parents d'Étienne. Quels que soient ses arguments, on rechigne devant sa fille. Pour tous ces bigots, elle est une pestiférée puisqu'elle a été baptisée orthodoxe. De Padoue, Nicolas écrit à son épouse : « Le séjour de Vienne, plus j'y pense, me devient insupportable. Que ferai-je devant les femmes de la famille qui veulent être plus papes que le pape lui-même ?... Je ne pense pas que mon séjour à Rome produira dans leur esprit le moindre changement, car, au fait, à Rome, il ne s'est fait que ce que je savais d'avance... C'est-à-dire que notre entrevue avec le pape se passerait fort amicalement, que sur bien des points nous nous entendrions, sur d'autres jamais, et cela ne leur suffira pas... Mais même si les choses s'arrangent pour le moment, que nos jeunes gens puissent se voir, se convenir et que le mariage s'ensuive, je te demande quelle est la sûreté pour l'avenir d'Olly dans une famille où toutes les femmes seraient contre elle ? » Ce fiancé tant désiré lui inspire soudain moins d'intérêt que naguère. Des bruits inquiétants lui sont parvenus à son sujet. « Quelques personnes le dépeignent comme fat, vain et présomptueux, écrit-il encore. Crois-tu qu'Olly parviendrait jamais à refaire un caractère semblable [1] ? »

Enfin, le voici à Vienne. Secouant son appréhension, il veut espérer que tout n'est pas encore perdu. Mais, à peine remis de son voyage, il apprend que l'archiduc Étienne a quitté la ville. On l'en a fait partir précipitamment avant l'arrivée du tsar. Cette fuite est trop significative pour que Nicolas n'en tire pas les conséquences. À Metternich, qui tente de lui expliquer les raisons d'une absence aussi incongrue, il dit d'un ton sec : « Brisons là-dessus, mon prince, vous êtes trop embarrassé pour me reparler de choses fort inutiles et il est au-dessus de ma dignité de les entendre. » L'entrevue avec l'impératrice d'Autriche est encore plus orageuse. Depuis la mort, en 1835, de son mari, l'empereur François Ier, elle a pris sur son fils, le faible Ferdinand Ier, un ascendant redoutable. Catholique farouche, c'est elle qui est le plus hostile au mariage d'Étienne avec Olly. D'entrée, elle reproche à Nicolas, comme l'a fait le

1. Lettre en français.

pape, mais en termes plus véhéments, « la destruction du catholicisme résolue en Russie ». Nicolas proteste avec fureur et accuse son interlocutrice de saper l'alliance entre les deux pays que son mari défunt avait tant souhaitée. « Vous jouez le jeu de nos ennemis communs ! s'écrie-t-il. Vous détruisez l'union intime créée par votre époux en y faisant succéder le malaise, la gêne entre nos deux familles ! Je ne puis y répondre que par le dédain et par le mépris. » Et, blessé dans son orgueil de souverain et de père, il refuse de poursuivre l'entretien. De retour à l'ambassade de Russie où il est descendu, il écrit à sa femme : « Pas un mot de regret de la chose manquée, pas un mot d'Olly, d'intérêt, rien de sa part... Je quitte Vienne avec la conscience d'avoir fait mon devoir... Toutes illusions, toutes espérances sont finies [1]. »

Cependant, cette malencontreuse affaire, dont l'Europe se gausse et qui irrite tant Nicolas, va connaître un dénouement heureux qui surprendra toutes les chancelleries. Alors que l'impératrice Alexandra Fedorovna se trouve encore à Palerme, le prince héritier Charles de Wurtemberg se présente à elle pour solliciter la main de la grande-duchesse Olga. Enfin un prétendant convenable ! L'honneur est sauf ! Il n'y a pas à hésiter ! Une entrevue a lieu entre les deux jeunes gens. La conversation dure une demi-heure. On échange des banalités. Mais Olga ne peut se montrer difficile. « On voit qu'elle a pris son parti avec réflexion,

1. Lettre en français.

sans répugnance et que déjà elle s'y complaît », écrit le baron Meyendorff à Nesselrode. Et celui-ci lui répond : « Je ne saurais trop désirer que ce dernier parti ne nous échappe pas. Après ce qui s'est passé à Vienne, cela nous est indispensable, non seulement pour le bonheur et l'avenir de notre adorable grande-duchesse, mais aussi pour notre considération en Europe... Ce mariage est évidemment l'œuvre de la Providence, car les hommes n'y pensaient guère lorsque la première proposition nous est tombée comme une bombe [1]. »

Soulagé, réconforté, Nicolas bénit Olga pour son nouveau destin. Le mariage a lieu, en grande pompe, le 13 juillet 1846. Olga deviendra reine de Wurtemberg. Mais sa vie, avec un mari alcoolique et brutal, sera un long calvaire. Peu importe : Nicolas a sauvé la face.

Toutes ces intrigues politico-matrimoniales l'ont exaspéré et épuisé. En outre, il a été douloureusement frappé par la disparition de sa fille Alexandra, morte en couches, le 10 août 1844, un an après son mariage avec Frédéric-Guillaume de Hesse-Kassel. Il y a eu aussi cet incendie terrible, en décembre 1837, du palais d'Hiver, qui a détruit des archives et des collections artistiques inestimables. Le palais a été reconstruit, dès 1839, mais le souvenir de l'océan de feu continue de hanter l'esprit du tsar. Depuis, chaque fois qu'il voit des flammes ou respire une odeur de fumée, la tête lui tourne et il a des palpitations de cœur.

1. Lettres en français.

Aux approches de la cinquantaine, le pouvoir lui pèse. Il travaille trop, mais ne peut s'astreindre à prendre du repos dans la journée. « Vous avez un avantage sur moi, dit-il à un haut fonctionnaire. Vous pouvez abandonner votre besogne, tandis que moi je ne le peux pas [1]. » Sa santé l'inquiète. Il a les jambes lourdes et douloureuses. N'est-il pas en train de devenir impotent ? Les protestations de ses médecins ne suffisent pas à le rassurer. Comme son front se dégarnit, il se décide à porter un toupet pour couvrir sa calvitie. Cette dégradation physique agit sur son caractère. Plusieurs hommes d'État qui ont illustré son règne sont déjà morts : Golitzine, Benkendorff, Speranski, Kankrine, Vassiltchikov. Le vide se creuse autour de lui et il en souffre comme d'une atteinte à son intégrité personnelle. « L'empereur est sombre et morose », constate l'ambassadeur d'Autriche. Et le peintre Horace Vernet, qui observe Nicolas avec acuité, note également l'usure physique du monarque, mais écrit que, tel quel, « c'est l'homme le plus dur [qu'il ait] jamais rencontré [2] ».

Aux côtés de l'empereur, l'impératrice Alexandra Fedorovna subit, elle aussi, et plus gravement que lui, les fatigues de l'âge. Les médecins lui ont

1. Rapporté par Colloredo dans une lettre à Metternich du 13 avril 1845.

2. Lettre d'Horace Vernet à sa femme du 31 octobre 1842. Cf. Constantin de Grünwald, *op. cit.*

interdit tout rapport sexuel avec son mari. Désséchée, le teint livide, le regard fiévreux, elle n'est plus pour lui qu'une fidèle compagne qui l'entoure de tendresse en souvenir des longues années passées ensemble, mais dont il n'espère plus aucune satisfaction charnelle. Cette chasteté obligatoire le tourmente. Il cherche à s'étourdir en assistant à des bals et en courtisant les jolies femmes qui en sont l'ornement. Toute la société de la capitale guette son premier faux pas, avec une curiosité malveillante. Ne va-t-il pas enfin succomber aux charmes d'une des beautés pétersbourgeoises ? Ce serait un délicieux scandale. Or, selon son habitude, il se contente d'un marivaudage de salon. Tout au plus peut-on noter qu'il se montre particulièrement assidu auprès d'une certaine Varvara Arkadievna Nelidova, surnommée Varenka à la russe ou Barbette à la française, qui est demoiselle d'honneur de l'impératrice. Cette Barbette ou Varenka Nelidova est issue d'une famille noble qui a déjà donné une favorite, Catherine Nelidova, au propre père de Nicolas, l'empereur Paul Ier. Sans le formuler clairement, Nicolas ne peut s'empêcher de penser que son intérêt pour la descendante d'un clan aristocratique qui a, jadis, fourni une maîtresse à son père constitue une sorte de légitimation de l'adultère pour la génération suivante. Être dans la tradition est la meilleure excuse pour les entraînements de cœur d'un monarque. Grande, brune, avec un visage aux traits fermes encadré de lourdes nattes, Varenka n'est pas très belle, mais son esprit, sa grâce, son tact et sa simplicité plaisent au tsar. Alors que la plupart des femmes admises à la Cour jouent un rôle et s'efforcent de s'éclipser l'une l'autre, elle garde, en toute circonstance, un naturel rafraîchissant. « On doit rendre cette justice à mademoiselle Nelidova, note le comte de Woyna à l'intention de Metternich : elle n'a jamais l'air d'ambitionner qu'on la remarque, elle a toujours voulu se soustraire aux monotones adulations des courtisans en les tenant à une respectueuse distance par le calme de son maintien, par une grande retenue dans sa conversation, et surtout par la dignité de ses manières, qualités bien utiles pour une jeune femme sur laquelle, à tort ou à raison, se sont fixés tant de regards curieux. » Avec les mois qui passent, l'intérêt de Nicolas pour Varenka devient un véritable engouement platonique. L'impératrice a beau le prier de ne pas afficher ainsi sa préférence, il n'est heureux qu'auprès de cette jeune fille si réservée et il le manifeste sans égard aux commérages. « L'empereur est de jour en jour plus occupé de mademoiselle Nelidova, écrit la comtesse Nesselrode à son fils. Au bal, il s'efforce toujours d'être auprès d'elle. La pauvre impératrice voit tout cela et le supporte avec dignité, mais comme elle doit souffrir [1] ! » Et, deux semaines plus tard : « L'empereur continue d'être amoureux de cette Nelidova sans l'avoir encore comme maîtresse, ce qui ne laisse pas de nous paraître singulier lorsqu'on se dit qu'il va chez

1. Lettre du 25 janvier 1843.

elle à toute heure du jour. Au bal, il s'approche souvent d'elle, devant tout le monde, soupe à ses côtés sans souci de ce qu'on peut en dire [1]. »

En vérité, Nicolas est déchiré entre sa haute conception de la fidélité conjugale et l'attirance de plus en plus forte que Varenka exerce sur lui. Sensible au rayonnement de cette innocente et primesautière jeunesse, il oublie les tracas et les responsabilités de sa charge. Elle, de son côté, est touchée par l'hommage de ce potentat vieillissant qui se découvre si désarmé et si sincère en sa présence. Mais, par respect envers la tsarine, elle résiste encore à la tentation. Ainsi, l'impératrice est malheureuse d'être délaissée, la favorite malheureuse de lui causer du chagrin, et Nicolas malheureux de ne pouvoir ni revenir à sa femme ni se consacrer à sa maîtresse.

En 1845, les médecins de la Cour ordonnent à l'impératrice, toujours souffrante, de partir se reposer au soleil de l'Italie. Elle consent à cette longue expédition, mais à condition que Mlle Nelidova l'accompagne, afin de n'être pas trop seule dans un pays étranger. À la perspective d'être privé pendant plusieurs semaines de « ses deux femmes », Nicolas est saisi d'une de ces colères blanches qui terrorisent ses intimes. Alexandra Fedorovna note dans son Journal : « Il ne pouvait s'habituer à l'idée de mon voyage. [...] Il semblait hors de lui comme il le fait et comme personne d'autre ne le saurait : non pas en criant, en pleurant, en deve-

1. Lettre du 7 février 1843.

nant méchant, mais froidement, comme un glaçon [...]. Pendant une semaine, il ne m'a pas dit deux mots [1]. » À peine Alexandra et Varenka sont-elles parties, que Nicolas décide de les rejoindre. Il ne peut se passer d'elles. Oubliant, pour un temps, le poids de l'Empire, il les retrouve à Milan, puis à Naples. Et, aussitôt, le potentat irritable se transforme en un touriste amoureux. Tout lui plaît : les musées, les églises, la baie de Naples, son épouse qui reprend des couleurs et Varenka qui se trouble au moindre regard appuyé. Sans doute est-ce au cours de cette randonnée équivoque que Mlle Nelidova finit par succomber, avec un mélange de remords et de gratitude.

Au retour du trio à Saint-Pétersbourg, on s'efforce encore de sauver les apparences. Point de mire de toute la Cour, Varenka se tient constamment sur ses gardes. Sa liaison avec le tsar ne modifie en rien son attitude ni envers le monde ni envers la tsarine. Elle voue à son impérial compagnon un amour profond et désintéressé, ignore les cachotteries d'antichambre et n'intervient jamais dans les questions politiques. Quant à l'empereur, il se sent à la fois coupable et exaucé. L'acceptation de la situation par sa femme malade la lui rend encore plus chère. La vie s'organise autour de lui selon un ordre nouveau. Chaque protagoniste du drame se cantonne à la place qui lui est assignée sur l'échiquier des sentiments. Les grandes vagues de la passion, de la jalousie et de

1. Cf. Jocelyne Fenner, *op. cit.*

la rancune s'apaisent. Même du côté du Vatican, les choses ont l'air de s'arranger à l'amiable, grâce aux efforts de Nesselrode. Après d'interminables transactions, le pape signe, le 3 août 1847, un concordat avec la Russie qui amène une détente sur le front des querelles de religion. Nicolas n'est pas éloigné de voir dans cette réconciliation entre lui et le Saint-Siège un signe du Ciel approuvant sa conduite dans les affaires du monde et dans celles de son cœur.

XI

UN HOMME D'ORDRE, « NICOLAS LE BASTONNEUR »

L'esprit de contrainte et d'immobilité dont s'inspire la politique intérieure de Nicolas ne nuit pas au développement prodigieux de la vie matérielle et intellectuelle en Russie. On dirait même que les entraves à la liberté instaurées par le tsar, loin d'étouffer les initiatives privées, les stimulent dans tous les domaines. On exporte de plus en plus de blé, l'industrie cotonnière inonde l'Europe de ses produits, les manufactures doublent le nombre de leurs ouvriers, les capitaux étrangers affluent, le trafic du port de Saint-Pétersbourg sextuple de 1840 à 1848, le réseau routier s'étend dans tous les sens, la première voie ferrée reliant Saint-Pétersbourg à Tsarskoïé Selo est inaugurée en 1837, des bateaux à vapeur apparaissent sur la Volga. Aux côtés des anciens entrepreneurs aristocratiques surgissent des hommes nouveaux, venus de la bourgeoisie ou de l'artisanat. Des fortunes colossales s'échafaudent entre les mains de ces fabricants et de ces négociants qui tentent hardiment leur chance. En même temps, des serfs et des affranchis quittent les campagnes pour s'engager dans les usines. Transplantés en ville et vivant en communauté, ils prennent conscience de leur nombre et de leur force. Lentement, obscurément, se constitue en Russie une classe ouvrière aux aspirations encore indistinctes.

À ces bouleversements industriels et sociaux, correspond une activité intellectuelle intense. Là encore, l'enthousiasme de l'élite brave la rigueur des lois qui lui sont imposées. Dès 1833, Serge Ouvarov, nommé ministre de l'Instruction publique, définit ainsi son programme : « Le gouvernement doit avoir pour but de conquérir graduellement l'esprit de la jeunesse et de l'amener insensiblement à ce point capital où les connaissances scientifiques, solides, indispensables à notre époque, se joignent à une foi profonde dans les principes foncièrement russes, gardiens de l'orthodoxie, de l'autocratie et de l'idée nationale. » Décidé à combattre énergiquement toute mesure qui ne tendrait pas à sauvegarder l'ordre religieux et politique russe, il interdit d'envoyer les jeunes gens étudier à l'étranger avant l'âge de dix-huit ans et restreint la durée de leur séjour hors des frontières (trois ans pour les roturiers, cinq ans pour les nobles). Les écoles primaires et secondaires passent du contrôle des universités à celui de curateurs ou recteurs, anciens officiers aux états de service irréprochables. Ces curateurs ou recteurs doivent veiller au zèle des élèves, mais aussi à leur aspect extérieur, et notamment à leur coiffure. Tous les étudiants, à quelque faculté qu'ils appartiennent, sont tenus de fréquenter des cours de théologie. Les professeurs étrangers sont remplacés, dans la mesure du possible, par des professeurs russes, dont les convictions politiques sont sûres. Dans une circulaire spéciale, Serge Ouvarov dénonce le danger que représente l'enseignement de certaines matières : droit constitutionnel, économie politique, science historique. À son avis, ces questions, discutées devant de jeunes esprits, peuvent conduire à la rébellion des masses. Il est strictement défendu, par exemple, de faire allusion, dans une leçon publique, aux rapports entre propriétaires fonciers et paysans. Le gouvernement finit par suspendre, en 1849, les cours de droit constitutionnel, puis ceux d'histoire, de philosophie et de métaphysique, et par confier les cours de logique et de psychologie aux professeurs de théologie. « Il y a de quoi devenir fou ! » écrit Timofeï Granovski, l'un des professeurs les plus en vue de l'université de Moscou.

Le souhait du gouvernement serait de réserver les bienfaits de l'enseignement supérieur à une caste privilégiée, proche du pouvoir. Mais, malgré ce barrage discriminatoire, de nombreux roturiers, fils de marchands, de petits-bourgeois, de fonctionnaires subalternes s'infiltrent dans les universités. Ils forment un ensemble d'esprits neufs, délivrés de tout préjugé et avides de s'instruire. Par ailleurs, les jeunes gens qui ont complété leurs études en Europe occupent, à leur retour au pays, des chaires dans les universités russes. En dépit de toutes les interdictions, ils font passer dans leur discours des idées puisées dans la science et dans la philosophie occidentales. Ils offrent à toutes ces têtes enfiévrées des bouffées de libéralisme européen. Leur influence s'exerce même hors des salles de cours et pénètre profondément la société éclairée. Passionnés par la philosophie de Schelling et de Hegel, les intellectuels de la nouvelle génération se posent des questions sur la destinée de la Russie. Forme-t-elle un monde clos, régi par des règles ancestrales, ou doit-elle suivre l'évolution de l'Occident ? Les réformes de Pierre le Grand ont-elles été salutaires ou fatales ? Dès 1830, le groupe des « slavophiles », partisans de la culture nationale, s'oppose au groupe des « occidentalistes », qui prônent l'ouverture des frontières à la pensée et aux mœurs du reste de l'Europe. Les slavophiles, qui comptent dans leurs rangs des écrivains aussi éminents que les frères Kireïevski, Khomiakov, les frères Aksakov, affirment que la civilisation occidentale est arrivée au terme de sa course et que la civilisation russe lui est supérieure par l'originalité de ses conceptions religieuses, de ses traditions sociales et de sa structure politique. Pour eux, le principe de la commune rurale et la soumission à la foi orthodoxe sauveront le pays de la lutte des classes. Certains même célèbrent les vertus d'une Russie d'avant Pierre le Grand. Cependant, ils se déclarent hostiles à l'absolutisme et à la bureaucratie actuels. Aussi sont-ils suspects au gouvernement. La censure les empêche d'exposer leurs idées dans la presse. Mais ils les expriment dans des réunions houleuses, surveillées par la police. Le centre de leur activité est Moscou.

À l'opposé, les « occidentalistes », avec, à leur tête, Alexandre Herzen, Vissarion Bielinski, Timofeï Granovski, refusent de reconnaître la primauté de la religion dans la conduite des affaires privées et publiques. Estimant que la Russie est en retard sur l'Europe, ils proclament la nécessité de rattraper le temps perdu et d'imiter les pays voisins dans ce qu'ils ont de meilleur. Le salut leur paraît être dans la laïcisation de la vie russe et la reconnaissance des droits de l'individu face à un pouvoir central hypertrophié. Cette profession de foi libérale leur rallie une grande partie de la jeunesse universitaire qui souffre d'être brimée dans ses élans vers l'avenir. Aussi sont-ils, comme leurs adversaires slavophiles, en butte aux persécutions sournoises de la police. La censure suspend tour à tour les revues les plus en vogue : *L'Européen* de Kireïevski, *Le Télégraphe de Moscou* de Polevoï, *Le Télescope* de Nadejdine... Mais, malgré ces tracasseries administratives, les publications périodiques continuent de se développer et un nombre toujours croissant de lecteurs se passionnent pour les articles qui, sous le couvert de la critique littéraire, dénoncent les tares de l'ordre social. À partir de 1859, Bielinski, directeur des *Annales de la patrie*, puis du *Contemporain*, se fera le porte-parole de la pensée d'avant-garde.

Ainsi, jamais la vie intellectuelle russe n'a été aussi riche et aussi mouvementée que sous le règne écrasant de Nicolas. De grands peintres affirment leur talent, tels Ivanov, Brullov, Tropinine, Venetsianov, et les amateurs s'arrachent leurs toiles. Des musiciens, comme Glinka, rivalisent dans la faveur du public avec les compositeurs occidentaux. Mais c'est surtout la littérature qui connaît un prodigieux essor en Russie. À croire que la contrainte, l'injustice, la mesquinerie ambiantes exaltent l'inspiration des véritables créateurs. Dans l'ombre redoutable de Nicolas, s'épanouissent les œuvres de Pouchkine, de Joukovski, de Lermontov et de Gogol ; les jeunes Tourgueniev, Dostoïevski, Tolstoï, Gontcharov, Ostrovski, Leskov, Saltykov-Chtchedrine, Soloviev, Nekrassov font leurs débuts ; des dizaines d'adolescents moins illustres abordent avec succès le théâtre, le roman, la critique. Face à ce bouillonnement de l'« intelligentsia » naissante, l'attitude de l'empereur est un mélange de condescendance et de soupçon. Fervent lecteur de Paul de Kock et de Walter Scott, il estime que les écrivains doivent avoir pour seule ambition de distraire le public et d'encourager les bons sentiments. Quand un auteur lui paraît animé d'une forte santé morale, il n'hésite pas à le protéger et à le secourir financièrement. Mais comment tolérer que des hommes de lettres, sans aucun rang dans l'administration, se permettent de donner leur avis sur des sujets relevant de la compétence impériale ? Heureusement, Benkendorff est là pour rappeler à l'ordre ces éternels mécontents.

C'est ainsi que Pierre Tchaadaïev, penseur audacieux, ayant dénoncé, en 1836, les conditions sociales de son pays, est soumis à domicile, pendant des années, à une stricte surveillance médicale. Chevtchenko, pionnier de la littérature ukrainienne, accusé, en 1841, de menées séparatistes, est envoyé comme simple soldat à Orenbourg, avec « défense absolue d'écrire ou de dessiner ». Le poète Lermontov, qui a osé composer, après la mort de Pouchkine, des vers vengeurs contre « les bourreaux du génie et de la liberté qui entourent le trône », sera expédié au Caucase où il trouvera la mort dans un duel. Mais c'est Pouchkine surtout qui subit, tout au long de sa vie, les effets destructeurs de ce malentendu entre le pouvoir autocratique et l'inspiration de l'artiste. Nicolas l'a certes rappelé d'exil dès 1826 ; il s'est institué superbement le seul censeur des œuvres du poète ; il l'a pensionné pour « faire aller sa marmite ». Toutefois, cette bienveillance officielle s'est accompagnée d'un espionnage exercé par les agents secrets de Benkendorff. Interdiction est faite à Pouchkine de partir pour l'étranger ; il doit même rendre compte en haut lieu de ses moindres déplacements en Russie. Traité en enfant écervelé et indiscipliné, il essuie réprimande sur réprimande. Nicolas lui reproche d'avoir lu sa pièce, *Boris Godounov*, à un groupe d'amis avant de l'avoir soumise à son appréciation. En outre, il lui conseille de transformer ce drame historique en roman à la Walter Scott. Ému par la beauté de la femme de Pouchkine, Nathalie, il le nomme « gentilhomme de la chambre », ce qui oblige le couple à paraître aux bals intimes du palais Anitchkov. Revêtu d'un uniforme qu'il exècre, Pouchkine assiste, en ravalant sa bile, aux galanteries du tsar envers son épouse. Toute la Cour s'en amuse. Mais Nathalie est surtout sensible aux avances du lieutenant Georges de Heeckeren d'Anthès, un Français admis à servir dans les chevaliers-gardes. Le fringant Georges d'Anthès a été adopté naguère par le baron de Heeckeren, ambassadeur des Pays-Bas en Russie, et cette fausse paternité unissant un personnage d'âge mûr et de mœurs douteuses à un élégant jeune homme qui tient la cote dans les salons pétersbourgeois est d'abord un sujet de plaisanteries pour les mauvaises langues. Mais bientôt, ce qui alimente les racontars mondains, c'est l'insistance avec laquelle le beau Georges fait le siège de la ravissante femme d'un des plus célèbres écrivains russes du moment. L'aristocratie est hostile à Pouchkine, dont la liberté de pensée et les nombreux sarcasmes à l'égard des dignitaires du régime paraissent insupportables aux habitués du palais impérial. Ils n'attendent qu'une occasion pour se venger de ce persifleur impénitent. Des lettres anonymes sont envoyées à Pouchkine pour dénoncer l'inconduite de Nathalie et le traiter de « coadjuteur du Grand Maître de l'Ordre des cocus et historiographe de l'ordre ». Rendu fou de jalousie, Pouchkine veut en finir avec le responsable de cette ignominie. Il provoque Georges d'Anthès en duel et tombe, mortellement blessé par la balle de son adversaire. Magnanime, Nicolas, qui a empoisonné l'existence du poète en prétendant l'aider, promet d'assurer l'avenir de la veuve et des orphelins. Dans les milieux intellectuels, cette tragédie est considérée comme le symbole de l'incompréhension qui sépare l'élite de la nation et le pouvoir impérial. Sous le règne d'Alexandre Ier, c'étaient les nobles et les officiers qui avaient animé les sociétés secrètes d'où était issue la révolte des Décembristes. À présent, les publicistes, les professeurs, les étudiants prennent la relève. Des cercles militaires, le mouvement revendicatif se transporte dans les amphithéâtres des universités et dans les salles de rédaction des revues. Nicolas en a conscience mais ne sait comment se défendre contre le retour des fantômes.

À l'annonce de la révolution de 1848 en France, il éprouve un mélange de satisfaction ironique et de crainte prémonitoire. Il ne lui déplaît pas que l'« usurpateur » Louis-Philippe ait été chassé de son trône ; il applaudit à l'énergique répression de Cavaignac contre les combattants des barricades mais il redoute que la maladie libérale ne traverse les frontières. « Louis-Philippe n'a que ce qu'il mérite, déclare-t-il à son entourage. Il sort par la même porte par laquelle il est entré. » Sur quoi le tsar confirme au général Le Flô, envoyé de Cavaignac, que la Russie est prête à reconnaître le nouveau régime de France et à collaborer avec lui pour le maintien de la paix en Europe. Mais son véritable sentiment, il l'exprime dans une lettre au roi de Prusse : « Voici l'instant solennel que je prédisais depuis dix-huit ans ; la révolution a surgi de ses cendres et un danger inévitable menace notre existence commune. » En effet, dès le mois de mars 1848, les troubles s'étendent à l'Autriche et à la Prusse. En apprenant le soulèvement de Berlin, l'impératrice éclate en sanglots et s'écrie : « Mon pauvre frère, mon pauvre Guillaume ! — Il s'agit bien de votre poltron de frère, riposte le tsar, quand tout s'écroule en Europe, quand la Russie elle-même pourrait être bouleversée ! » Et, tourné vers Grimm, le lecteur attitré de la famille impériale, qui se tient là, tout penaud, un *Faust* sous le bras, il ajoute : « Ainsi, monsieur, vous osez lire ce livre impie devant mes enfants et dépraver ainsi leur jeune imagination ? Ce sont vos têtes brûlées — Schiller, Goethe et des canailles semblables — qui ont préparé tout le chambardement actuel [1] ! » Très vite, en Autriche, en Prusse, les souverains se laissent arracher des concessions exorbitantes par le peuple en révolte. Ferdinand Ier abdique en faveur de son neveu François-Joseph. À la suite des émeutes de Vienne, Metternich doit s'enfuir et est remplacé par Schwarzenberg. Kossuth ose proclamer l'indépendance de la Hongrie.

Dorénavant, Nicolas en est sûr, la Russie est le seul défenseur de l'ordre en Europe. Il le déclare par le manifeste du 14 mars 1848 [2], qu'il a rédigé lui-même. « Après la bénédiction d'une longue

1. Cité par Constantin de Grünwald, d'après *Les Souvenirs* de Mme Smirnova-Rossetti.

2. Le 26 mars 1848 selon le calendrier grégorien.

paix, l'Europe occidentale est soudain troublée par de nouveaux soulèvements, qui font redouter la chute des gouvernements légitimes et le renversement de tout ordre social. Nées en France, la révolte et l'anarchie ont gagné l'Allemagne voisine et se répandent avec une insolence qui grandit à mesure que les gouvernements cèdent avec plus de facilité ; leur torrent dévastateur a finalement atteint nos alliés, l'empire d'Autriche et le royaume de Prusse. Maintenant, ne connaissant plus de bornes, elles menacent dans leur insolence l'empire qui nous a été confié par Dieu : la Russie. Mais cela ne sera point. Selon l'exemple sacré de nos ancêtres orthodoxes, appelant à notre secours le Seigneur tout-puissant, nous sommes prêts à rencontrer nos ennemis face à face, partout où ils se dresseront contre nous. Notre ancien cri de guerre : "Pour la foi, le tsar et la patrie" nous mènera, une fois de plus, à la victoire... Dieu est avec nous ! » Ce ton belliqueux provoque quelque surprise dans les chancelleries occidentales et Nesselrode doit expliquer que, malgré ses propos virulents, le tsar n'a aucune idée d'agression. Un peu plus tard, recevant une députation de la noblesse de Saint-Pétersbourg, Nicolas s'écrie : « Messieurs, je n'ai pas de police et je ne l'aime pas ! C'est vous qui êtes ma police et, pour la tranquillité de l'État, vous devez porter à ma connaissance les notions et les faits blâmables dont vous pourriez être informés. » En sollicitant l'aide de la noblesse dans la poursuite des fauteurs de troubles, il espère se prémunir contre l'agitation, toute verbale pour l'instant, provoquée en Russie par l'écho des différentes révolutions. Les journaux reproduisent les discours de Ledru-Rollin et de Lamartine, citent les noms de Louis Blanc, de Blanqui, de Proudhon. Par ailleurs, les récoltes sont mauvaises, les serfs parlent entre eux de la possibilité d'une libération prochaine. Il est temps de serrer la vis aux rêveurs de tout acabit. C'est ainsi que, sur l'ordre du souverain, on intensifie la lutte contre les Vieux-Croyants. Les schismatiques les plus enragés, tels les *molokhany* [1] et les *skoptsy* [2], sont déclarés hors la loi et traqués par la police. Cette vague d'oppression s'accompagne de peines de déportation, d'emprisonnement, et, pour les délits secondaires, de coups de knout ou de baguette. La généralisation des châtiments corporels voulue par Sa Majesté lui vaut, dans le peuple, le surnom de Nicolas *Palkine*, Nicolas « la Trique » ou Nicolas « le Bastonneur ».

Ce sont surtout les militaires qui ont droit à une punition raffinée et humiliante, en public, pour servir d'exemple. Dès qu'un manquement à la discipline est signalé dans un régiment, les autorités en sont informées et prononcent, conformément au vœu de l'empereur, une sentence impitoyable. La plupart du temps, le coupable, ayant été dégradé, est condamné à quatre, cinq ou six passages entre deux rangées de cinq cents hommes armés de baguettes. Ces schlagues, d'une longueur

1. Secte de buveurs de lait.
2. Secte de castrés volontaires.

d'une toise, sont assez souples pour accentuer la violence déchirante des coups. Tandis que les tambours roulent selon un rythme funèbre, le malheureux s'avance en vacillant, la chair labourée par les cinglures de ses compagnons de la veille. Un homme le suit, la baïonnette pointée sur son dos, pour l'empêcher de reculer. Lorsqu'il s'abat enfin, livide, râlant, ensanglanté, sous la volée de bois vert des badines infernales, un médecin se penche sur lui, constate qu'il respire encore, et annonce solennellement à Sa Majesté que le misérable peut être chargé sans dommage dans un chariot et expédié en Sibérie en vue d'une guérison, à laquelle personne ne croit. Ainsi, du moins, les apparences sont-elles sauves. Il est admis officiellement que la peine de mort n'existe pas en Russie. Avec une hypocrisie souveraine, Nicolas Ier peut écrire en marge du rapport de son ministre, le comte Pahlen, réclamant la peine de mort pour des sujets de Sa Majesté qui ont violé les lois sur la quarantaine : « Faire passer les coupables douze fois entre mille verges. Grâce à Dieu, nous n'avons pas la peine capitale en Russie et ce n'est pas à moi de l'introduire [1]. »

Du reste, Nicolas « le Bastonneur » sait recourir à des supplices moins spectaculaires mais aussi efficaces quand il s'agit d'une insubordination civile et, pour ainsi dire, intellectuelle, la plus détestable de toutes ! Ainsi, dès le début de 1848, un comité permanent de supercensure est chargé

1. Cf. Tchoulkov, *Les Derniers Tsars autocrates*.

par le tsar de détecter la moindre allusion subversive dans les manuscrits des écrivains, de poursuivre les coupables et de punir les contrôleurs négligents qui auraient autorisé la publication de telles œuvres. Autrefois, c'était le Troisième Bureau qui exerçait, plus ou moins régulièrement, cette surveillance. À présent, le monde littéraire est coiffé d'un organisme spécialisé dans la chasse aux écarts de plume. Il est interdit de critiquer non seulement les institutions actuelles de la Russie, mais aussi celles de son passé. Tous les personnages historiques de l'Empire sont considérés comme sacrés. La louange est de règle quand il s'agit d'évoquer la vie nationale sous quelque forme que ce soit. Afin de démentir la rumeur selon laquelle le tsar n'aurait que peu de goût pour la littérature, il s'est indigné publiquement, en janvier 1837, quand Pouchkine a été tué en duel par Georges de Heeckeren d'Anthès. Pour manifester sa réprobation devant cette tragédie et son admiration envers un écrivain dont il se glorifiait de protéger la carrière, il a chassé d'Anthès de l'armée, l'a fait expulser de Russie, et a veillé personnellement à ce que la famille du poète ne manquât jamais de rien. Ce geste de bienveillance ne l'empêche pas de sévir, en avril 1848, contre Michel Saltykov-Chtchedrine et de le reléguer en province à cause d'une chronique de revue qu'il juge déplacée. À quelques mois de là, le publiciste Iouri Samarine est incarcéré à la forteresse Saint-Pierre-et-Saint-Paul pour avoir osé analyser les rapports russo-baltes dans une série de lettres mises en circulation par ses amis. Quatre ans plus tard, c'est le jeune Ivan Tourgueniev qui sera emprisonné, puis exilé dans ses terres : son crime ? avoir publié, à la mort de Gogol, un article nécrologique consacré à la gloire de l'écrivain, lequel, depuis peu, n'était plus en odeur de sainteté auprès du gouvernement.

En même temps que la presse, ce sont les établissements d'enseignement supérieur qui subissent les rigueurs de la nouvelle loi. L'Institut noble de Moscou est fermé, en 1849, parce qu'il apparaît comme un lieu de fermentation de la pensée libérale. Dans les universités, le nombre des étudiants est limité à trois cents, les frais d'études sont augmentés, la philosophie est exclue du programme, le port de l'uniforme devient obligatoire, certains professeurs, parmi les plus éminents, se voient contraints d'abandonner leur chaire.

Dans ce climat étouffant, ceux qui apprennent sont aussi suspects que ceux qui enseignent. Les agents secrets pénètrent tous les milieux. Ils n'ont jamais été aussi indiscrets ni aussi malveillants. L'un d'eux, Liprandi, réussit à s'introduire dans un petit groupe de professeurs, d'étudiants, d'officiers modestes, dirigé par Michel Petrachevski, fonctionnaire au ministère des Affaires étrangères. Dans ce cercle clandestin, on discute avec ardeur les théories de Proudhon, de Fourier et de Saint-Simon, on rêve d'une révolution socialiste qui débarrasserait la Russie du joug de l'autocratie et assurerait le bonheur des citoyens pour les siècles des siècles. Dénoncés par Liprandi, les « conspirateurs » sont jetés en prison. Après de longs mois d'enquête, un manifeste impérial annonce que vingt et un d'entre eux, ayant comploté pour détruire le régime actuel de l'Empire, sont condamnés à la peine de mort. Parmi ces égarés, un jeune écrivain, qui a connu le succès avec son premier roman : *Les Pauvres Gens*. Il s'appelle Fedor Dostoïevski. Le 2 décembre 1849, jour prévu pour l'exécution, on amène les malheureux devant le front des troupes, par un froid glacial, on leur lit le verdict, on leur fait baiser la croix, on brise des épées au-dessus de la tête des militaires, on les revêt tous de chemises blanches et on attache les trois principaux accusés à des poteaux pour être fusillés. Persuadé de n'avoir plus que quelques instants à vivre, Dostoïevski jette un regard éperdu sur le monde qui l'entoure et qui lui semble plus beau que jamais. Soudain, un roulement de tambours. On détache les condamnés et on leur annonce que Sa Majesté commue leur peine en travaux forcés.

Cette mise en scène macabre, dont le ridicule accentue la cruauté, enchante Nicolas. Il est convaincu que l'opinion publique lui saura gré de sa clémence et que les misérables qu'il a graciés seront guéris de leur folie par l'avant-goût de la mort dont il les a fait bénéficier dans sa paternelle sollicitude. Comme avec les Décembristes, vingt-quatre ans plus tôt, il se sent parfaitement à l'aise dans la répression. Tout ce qui bouge doit être écrasé. Dieu le veut pour la grandeur et la prospérité de la patrie. Après cette nouvelle alerte, Nicolas estime plus nécessaire encore d'entourer la Russie d'un véritable cordon sanitaire pour empêcher la propagation des idées socialistes venues d'Europe. On n'autorise plus qu'exceptionnellement les voyages à l'étranger ; on augmente les droits sur les passeports internationaux ; il est interdit à quiconque de séjourner plus de deux ans hors de l'Empire sans voir ses biens placés sous séquestre et menacés de confiscation. Dans les écoles, il est défendu aux professeurs d'histoire d'employer le mot « tyran » en parlant de Néron ou de Caligula. Pour tous les étudiants, même la coupe de cheveux est réglementée et ils apprennent à marcher au son du tambour.

Gardien de l'ordre dans sa patrie, Nicolas entend l'être aussi dans les pays limitrophes. Des troubles révolutionnaires s'étant produits, en juillet 1848, dans les principautés danubiennes, il ne peut tolérer que l'anarchie s'installe à proximité des frontières nationales. Une rapide intervention militaire en Moldavie et en Valachie renverse la situation à son avantage. Il souhaiterait aussi que le roi de Prusse rétablît l'ancien régime sur son territoire ; il lui promet même son aide, si nécessaire, pour mater ces coquins de libéraux. Mais Frédéric-Guillaume IV refuse de reprendre le pouvoir absolu en s'appuyant sur l'armée russe. En revanche, le jeune empereur d'Autriche François-Joseph, constatant son impuissance à réduire l'insurrection hongroise, sollicite le secours des baïonnettes du tsar. Nicolas est d'autant plus tenté de répondre favorablement à cet appel qu'un grand nombre de Polonais combattent dans les rangs hongrois, que la société polonaise suit avec une sympathie inadmissible les succès des Magyars et qu'il craint les répercussions de la rébellion hongroise dans la Pologne russe. Ainsi l'anéantissement de la révolte en Hongrie correspondrait, selon lui, à une triple nécessité : la consolidation du trône de l'empereur d'Autriche, que Nicolas dit aimer comme son fils, la défense du principe monarchique si décrié dans l'Europe actuelle, le renforcement de la situation de la Russie dans le monde. À peine a-t-il reçu la demande de l'Autriche, qu'il expédie sur le front des troupes stationnées dans les principautés danubiennes, puis une armée de cent cinquante mille hommes, venant de Pologne et commandée par l'infatigable Ivan Paskevitch. Après deux mois de résistance héroïque, les faibles forces hongroises, que dirige Görgey, déposent les armes. « La Hongrie est aux pieds de Votre Majesté », proclame triomphalement Paskevitch. Cette même formule lui a servi, dix-huit ans auparavant, pour annoncer la prise de Varsovie. La dynastie des Habsbourg est sauvée, mais, pas plus que les Polonais, les Hongrois ne pardonnent à la Russie cette ingérence brutale dans les affaires de leur patrie. Une fois encore, Nicolas apparaît aux yeux de l'univers civilisé comme l'ennemi de toutes les aspirations libérales, de tous les particularismes, de tous les autonomismes. Il est le « gendarme de l'Europe » et il en est fier. Cependant, l'anarchiste Michel Bakounine, victime de cette répression, écrit avec amertume : « Nous les Russes nous avons tous les malheurs de la Pologne sans l'honneur. »

L'insurrection hongroise réprimée, un autre danger semble menacer l'Europe. Nicolas se méfie de l'élan national qui anime, depuis peu, le gouvernement prussien en vue d'une réunification de l'Allemagne. À ses yeux, la mainmise de la Prusse sur les autres États germaniques se traduirait par la victoire des thèses révolutionnaires qui l'ont contaminée. Déjà, dans les provinces polonaises de la Prusse, on note des mouvements d'insubordination stimulés par des émigrés de Paris et de Bruxelles. Ne vont-ils pas travailler à la résurrection d'une Pologne libre au détriment de la Russie ? Cette même idée de réunification allemande pousse la Prusse à entreprendre une action contre le Danemark, en 1848, au sujet du Schleswig et du Holstein. Aussitôt, Nicolas adresse une mise en garde à son beau-frère, Frédéric-Guillaume IV, le menaçant d'occuper la Prusse-Orientale et la Silésie s'il ne rappelle pas immédiatement ses troupes. Ulcéré, Frédéric-Guillaume IV obtempère. Mais il n'a pas abandonné son rêve de former un État fédéral allemand sous le sceptre des Hohenzollern. Là encore, Nicolas lui barre la route. Il craint qu'une Allemagne ressoudée, fédérée et démocratique, avec une population de quarante-cinq millions d'habitants, ne soit tentée de rompre l'équilibre européen. Ayant imposé sa médiation à la Prusse et à l'Autriche, il fait triompher la thèse autrichienne, seule garante, à son avis, de la paix dans le monde.

La Prusse cède, une fois de plus, malgré la grande colère des patriotes, et la convention d'Olmütz, d'octobre 1850, consacre le maintien de la confédération germanique dans son statut actuel et la prééminence de l'Autriche sur l'Allemagne.

Ayant réglé l'affaire à sa convenance, Nicolas est convaincu que l'empereur d'Autriche lui voue une gratitude filiale et que le roi de Prusse le redoute et le révère. Quant aux petits princes allemands, ils ne sont, à ses yeux, que du menu fretin. Il est au faîte de sa gloire. Sa volonté domine le continent. Par moments, il se compare à Napoléon lorsque l'Europe tremblait au seul son de sa voix. « Partout où chancelaient les trônes, où la société minée fléchissait sous l'effort des doctrines subversives, le bras puissant de Votre Majesté s'est fait deviner ou sentir », déclare Nesselrode en présentant au tsar un rapport pour saluer la vingt-cinquième année de son règne. Grisé par le succès, Nicolas est d'ailleurs persuadé qu'il finira par s'entendre avec le gouvernement anglais, qui, tirant la leçon de tant de victoires, ne s'avisera plus de contrecarrer sa politique. La France elle-même lui paraît revenir à la raison avec l'élection de Louis Napoléon à la présidence. Le coup d'État du 2 décembre 1851 l'affermit dans l'idée que le nouveau maître des Français est un homme énergique et lucide. Mais, quand le prince-président Louis Napoléon devient l'empereur Napoléon III, Nicolas ressent cette consécration comme une offense à ses opinions légitimistes. Il souhaite que les autres gouvernements tournent le dos à l'usurpateur. Or, ils s'empressent tous de le reconnaître. Force lui est d'en faire autant. Toutefois, pour marquer son dédain, il applique à l'empereur des Français la même règle qu'à son prédécesseur Louis-Philippe. Dans les documents officiels, il ne l'appelle pas « Monsieur mon frère », mais « Ami », ou « cousin ». Selon sa conception de la monarchie, un souverain qui accède au pouvoir par la volonté du peuple est frappé d'une tare originelle. Sous quel prétexte ce nouveau venu prétendrait-il être l'égal de ceux qui tiennent leur droit de Dieu et de l'hérédité ? Étant monté sur le trône en dehors des lois dynastiques, il n'est, dans le meilleur des cas, qu'un aventurier.

Loué par ses courtisans, respecté et redouté par les diplomates étrangers qui l'entourent, Nicolas ne se rend pas compte que son apparente puissance le condamne à un isolement dangereux. À son avis, toutes les affaires internationales doivent être réglées entre chefs d'État sans tenir aucun compte de l'opinion publique. Les rois appartiennent à une vaste famille et leurs relations réciproques déterminent le sort des peuples. Dans ce rapport de force entre autocrates, la Russie tient aujourd'hui une place prépondérante. Jusqu'où ira-t-elle dans son expansion ? Nul ne paraît de taille à lui résister. Cependant, elle n'a pas d'alliés véritables. Les intérêts de la France et de l'Angleterre se heurtent aux siens en Orient, et, dans ces deux pays, les milieux gouvernementaux comme la rue sont hostiles au tsar, symbole pour eux de la réaction, de l'intolérance et de l'obscurantisme.

Par ailleurs, en Prusse et en Autriche, l'intervention russe a tellement mécontenté les esprits libéraux qu'ils rêvent de secouer la rude tutelle de Nicolas. Un peu partout dans le monde, il fait figure non plus de sauveur, mais d'épouvantail. Son ingérence continuelle dans les affaires des autres nations finit par exaspérer ceux-là mêmes qu'il voudrait défendre. Alors qu'il se félicite d'avoir remporté des succès diplomatiques sans précédent, il ne se doute pas que, par son action orgueilleuse et entêtée, il prépare les esprits à une coalition contre lui de l'Europe entière.

XII

LA GUERRE DE CRIMÉE

Tout en se glorifiant de rétablir l'ordre en Europe, Nicolas ne perd pas de vue la Turquie, dont la désagrégation inévitable lui paraît comporter des risques pour la stabilité des pays voisins. De plus en plus, il sent son influence combattue, dans cette partie du monde, par l'Angleterre et par la France. En février 1852, sur les instances de la diplomatie française, le sultan turc fait remettre aux catholiques les clés de l'église de Bethléem, jusqu'alors détenues par les orthodoxes. Furieux, Nicolas exige le rétablissement de ses prérogatives. Le sultan s'incline. Mais il continue, en sous-main, de favoriser les catholiques. Incontestablement, les Turcs, lassés du contrôle russe et sûrs de l'appui des autres puissances occidentales, cherchent à s'émanciper. Cette seule perspective exaspère Nicolas. Il a son plan : rétablir l'indépendance des populations bulgares et grecques tombées sous le joug ottoman et, pour cela, convier toutes les nations chrétiennes à libérer leurs frères en religion soumis à la domination musulmane en

Europe. L'idée de cette guerre sainte lui semble si exaltante qu'il en parle autour de lui aux diplomates étrangers. Ceux-ci se montrent intéressés mais réticents. « Le souverain russe, écrit, en 1852, le ministre de France, M. de Castelbajac, est un homme très excentrique et très difficile à connaître, tant il y a de disparate entre ses qualités et ses défauts. » En revanche, les slavophiles, tels Stéphane Chevyrev et Michel Pogodine, professeurs à l'université de Moscou, encouragent le tsar dans son rêve de croisade. Ils exaltent dans leurs discours et leurs écrits la mission ancestrale de la nation russe, championne de l'ordre et de la foi dans une Europe guettée par la décadence. En outre, Nicolas sait qu'il peut compter sur son armée, qui a déjà écrasé la Turquie, pris Varsovie et sauvé l'empire des Habsbourg. Trop de souverains lui doivent leur maintien sur le trône pour qu'il ait à redouter leur défection dans la lutte sacrée. C'est Dieu lui-même qui l'a désigné pour assurer le triomphe définitif des chrétiens sur les infidèles. Une telle victoire sera le couronnement de son règne. Peut-être, du reste, n'aura-t-il pas à tirer l'épée pour être obéi. La menace verbale suffira, tant est grande dans le monde la crainte de la Russie impériale.

En février 1853, le prince Alexandre Menchikov est envoyé à Constantinople, en mission extraordinaire, pour imposer au sultan Abdul-Medjid les volontés du tsar. Reçu avec une fausse amabilité, il arrache, certes, une confirmation des droits russes sur les Lieux saints, mais, lorsqu'il prétend obtenir un traité qui assurerait le protectorat de la Russie sur les douze millions de sujets orthodoxes de l'Empire ottoman, il se heurte à un refus qui le stupéfie. Circonvenu par l'ambassadeur d'Angleterre, lord Stratford de Redcliffe, Abdul-Medjid se croit assez fort pour dire non au plus puissant monarque d'Europe. En recevant le rapport de Menchikov, Nicolas s'écrie : « Je sens sur ma joue les cinq doigts du sultan ! » Et, en juin 1853, pour châtier l'insolent qui ose lui tenir tête, il ordonne à ses troupes de s'emparer des principautés danubiennes. Sommé par Abdul-Medjid d'évacuer les territoires occupés, il déclare la guerre à la Turquie et invoque l'aide divine pour conduire les chrétiens à cette suprême conquête. S'il prévoit que sa décision pourra provoquer une rupture avec la France, dont l'armée n'est pas à craindre, il estime qu'il n'aura pas d'autres adversaires. Il laisse même entendre à sir Hamilton Seymour, ambassadeur de la reine Victoria, que la Turquie vaincue devra être partagée et que l'Égypte et la Crète constitueront la part britannique.

Tous ses calculs sont bientôt déjoués. Dès que Napoléon III apprend l'invasion des principautés danubiennes par les forces russes, il envoie dans les eaux turques l'escadre de Toulon. L'Angleterre avertit Nicolas que, si la flotte de la mer Noire attaque un port turc, les navires anglais entreront en action. Vaines rodomontades, pense Nicolas. Les événements semblent lui donner raison. Sur terre, ses troupes battent les Turcs qui se replient. Sur mer, le 18 novembre 1853, l'amiral Nakhimov détruit, devant Sinope, une puissante escadre ottomane. Ce désastre naval provoque l'indignation de la France et de l'Angleterre. Les flottes française et anglaise pénètrent en mer Noire. Une fois de plus, Napoléon III adjure Nicolas de suspendre les opérations militaires. Nicolas repousse ce conseil avec hauteur. En décembre 1853, ses ambassadeurs quittent Paris et Londres et, en février 1854, il annonce à son peuple, par un manifeste, qu'il est en guerre avec la France et l'Angleterre, toutes deux s'étant placées « du côté des ennemis de la chrétienté ».

En riposte, la France et l'Angleterre signent avec la Turquie un traité d'alliance. Immédiatement, Nicolas demande à la Prusse et à l'Autriche leur concours dans le conflit, ou, du moins, leur neutralité bienveillante. Le roi de Prusse se dérobe. Quant à François-Joseph, il adopte une attitude franchement hostile et exige l'abandon par les Russes des principautés danubiennes. Bientôt la Sardaigne lui emboîtera le pas. Avec stupeur, Nicolas constate que les grandes puissances, comme les États secondaires, se liguent contre lui pour défendre l'Islam. Croyant rassembler sous son drapeau toute la chrétienté, il n'a réussi qu'à dresser dans son dos une alliance hybride entre libéraux, catholiques et musulmans. Il n'est plus entouré que d'ingrats et de traîtres. Et pourtant, il s'obstine dans sa conception d'une mission providentielle, qu'il doit assumer jusqu'à la limite de ses forces. Il veut être l'autocrate russe par excellence. Le plus « tsarien » de tous les tsars de Russie. C'est cette image de parangon du despotisme qu'il entend laisser aux générations futures. L'idée ne lui vient pas qu'il est sur le point de passer la mesure et que son obsession expansionniste et réactionnaire risque de se retourner contre lui. L'impérialisme russe, à tendance messianique, va se heurter à l'impérialisme commercial et industriel de l'Occident. Cette fatalité aurait, sans doute, pu être évitée si Nicolas s'était montré plus souple à l'égard des autres chefs d'État. Mais il a blessé la plupart d'entre eux dans leur amour-propre en affichant une morgue protectrice. En 1850, Palmerston avait déjà déclaré à l'ambassadeur de Russie : « Vous nous faites la leçon comme on la fait à des enfants. » Dès son avènement, Napoléon III s'était vexé parce que le tsar ne le traitait pas sur un pied d'égalité avec les autres souverains dans ses lettres officielles. L'empereur François-Joseph avait été irrité, à la longue, par l'amitié encombrante et la phraséologie chevaleresque de son allié d'hier. Frédéric-Guillaume IV supportait de plus en plus difficilement les conseils de son beau-frère, qui prétendait lui faire gouverner la Prusse à la manière russe. Même le roi de Sardaigne et le roi des Belges avaient à se plaindre des façons condescendantes du gouvernement de Saint-Pétersbourg.

Mais le plus grave, peut-être, pour Nicolas, c'est, en ces journées de tension diplomatique, la découverte d'une force dont il n'a jamais voulu tenir compte dans les relations internationales :

l'opinion publique. Dans la plupart des États européens, la direction des affaires est passée aux mains de la bourgeoisie libérale. Pour ces politiciens, ces journalistes, ces professeurs, ces étudiants de petite naissance, la Russie est un pays arriéré, presque barbare, et son monarque, un demi-fou, dévoré d'ambition, dont l'appétit de conquête menace l'univers civilisé. Des émigrés polonais, avec Kossuth à leur tête, excitent habilement, dans les milieux de la presse et du parlement, la haine contre Nicolas et sa nation servile. Même quelques Russes réfugiés à l'étranger joignent leur voix à ce concert d'invectives : ainsi Bakounine et Herzen qui, tous deux, ont fui la Russie où ils étaient traqués pour leurs idées révolutionnaires. Dans un discours prononcé à Paris en 1847, Bakounine a qualifié Nicolas de « souverain d'origine allemande, qui ne comprendra jamais ni les besoins ni le caractère du peuple russe ». Les journaux français et anglais rivalisent de fureur dans l'insulte. Exilé à Jersey, Victor Hugo fulmine contre Nicolas et évoque la souffrance des masses écrasées sous l'autorité d'un despote oriental :

Peuple russe, tremblant et morne tu chemines,
Serf à Saint-Pétersbourg, ou forçat dans les mines.
Le pôle est pour ton maître un cachot vaste et noir,
Russie et Sibérie, ô czar ! tyran, vampire !
Ce sont les deux moitiés de ton funèbre empire ;
L'une est l'Oppression, l'autre est le Désespoir [1].

1. *Les Châtiments* (*Carte d'Europe*).

Injurié hors de Russie, Nicolas a cru, d'abord, que sa politique serait unanimement approuvée par ses sujets reconnaissants. Et, certes, quelques écrivains russes ont salué l'ouverture des hostilités avec enthousiasme. « Ce qui commence, écrit le poète Fedor Tioutchev, c'est l'enfantement dans la douleur d'un monde nouveau [...], c'est le combat décisif de l'Occident et de la Russie. » Et il voit déjà Constantinople délivrée, « l'autel du Christ élevé sous les voûtes sacrées de Sainte-Sophie » et Nicolas proclamé « tsar de tous les Slaves ». Mais sa fille, demoiselle d'honneur de l'impératrice, note dans son Journal, à la date du 28 octobre 1853, que la question d'Orient est « un problème beaucoup trop abstrait pour occuper les esprits des officiers de la Garde ». Et si la majorité des slavophiles de Moscou s'enflamment pour l'aventure, si quelques jeunes gens s'engagent de grand cœur dans l'armée, à Saint-Pétersbourg les milieux dirigeants se montrent secrètement inquiets devant la solitude et l'impréparation de la Russie dans un conflit de cette importance. Quant au peuple, les appels du tsar à la croisade sainte le laissent indifférent. Cette guerre qui se déroule au loin ne le concerne pas. Il en subit passivement les contraintes, avec l'unique souci de sauver sa peau. Victoire ou défaite, son sort sera toujours, pense-t-il, l'obéissance, la misère, la peur et le travail.

Il y a loin de cette apathie fataliste à l'élan patriotique qui avait animé la nation lors de la lutte contre Napoléon, en 1812. Nicolas s'en rend compte et en souffre. Même sa foi en l'invincibilité de l'armée nationale est atteinte par les rapports préliminaires qu'il reçoit du théâtre des opérations. Brillants à la parade, les régiments sont mal équipés pour le combat. Tout pour le coup d'œil, rien pour l'efficacité. Les fusils et les canons sont démodés, les services sanitaires ont été improvisés en dépit du bon sens, l'intendance ne dispose ni de stocks de vivres ni de moyens de transport pour ravitailler les troupes qui descendent vers le rivage de la mer Noire. Enfin, le commandement date d'un autre âge. Le glorieux Paskevitch, placé à la tête des forces russes, a soixante-douze ans et ses subordonnés le considèrent comme une pièce de musée. Menchikov, appelé à le seconder, est un habitué des bureaux qui n'a pas la confiance des soldats. Les premiers résultats de la campagne, au-delà du Danube, sont décevants. Après avoir mollement assiégé Silistrie, Paskevitch, qui craint une intervention autrichienne sur ses arrières, abandonne la ville et se replie sur la rive gauche du fleuve. Les armées turques et autrichiennes occupent les régions qu'il vient d'évacuer. Dès lors, la guerre se transporte sur le territoire russe. La France et l'Angleterre passent à l'action. Au printemps de 1854, elles se bornent à des démonstrations navales dans la mer Noire, la Baltique et la mer Blanche. La flotte russe, composée principalement de navires à voiles, est très défavorisée. Les escadres anglaises et françaises, où dominent les bateaux à vapeur, bombardent Odessa, poussent jusqu'aux abords de

Sébastopol, font leur apparition dans le golfe de Finlande et même devant Cronstadt, à proximité de Saint-Pétersbourg.

Mais c'est en automne seulement que les alliés choisissent le point névralgique où ils porteront leurs coups : Sébastopol, le plus grand port de la mer Noire. Là se trouve concentré le gros de la flotte russe. La cité étant considérée comme imprenable par mer, les alliés décident de l'attaquer par terre. Vers la mi-septembre, les armées française, anglaise et turque, fortes de soixante mille hommes, débarquent à Eupatoria et marchent sur leur objectif. Les Russes tentent de les arrêter sur la rivière Alma, mais essuient une lourde défaite et doivent battre en retraite. La route de Sébastopol est ouverte. Par chance, l'ennemi progresse si lentement que la ville a le temps d'organiser sa défense. Une partie de la flotte russe, désormais inutile, est coulée à l'entrée de la rade, l'artillerie navale, débarquée en hâte, renforce l'artillerie de terre, dix mille marins se joignent à la garnison et de nouveaux ouvrages de terre sont érigés aux endroits stratégiques. Après quelques bombardements infructueux, les alliés constatent qu'ils ne pourront pas prendre Sébastopol d'assaut et qu'il leur faudra l'assiéger pendant de longs mois peut-être.

En Russie, c'est la consternation. Au moment où il se croyait sur le point de vivre l'apothéose militaire et diplomatique de son règne, Nicolas se trouve brusquement dépouillé de ses illusions. Lui qui, dans son orgueil démesuré, avait rêvé d'imposer sa volonté au monde, voit son territoire foulé par l'envahisseur et sa flotte hors de combat. Aux approches de l'hiver, il se réfugie dans le sombre château de Gatchina, comme s'il craignait, en rentrant dans sa capitale, d'y affronter la commisération humiliante de la Cour. Obsédé par l'idée de son échec, il n'éprouve plus le besoin de se divertir en sortant dans le monde. Son goût des spectacles, des bals, des parades lui semble appartenir à un lointain passé. Il songe de plus en plus souvent à la mort. La disparition subite de son frère cadet, le grand-duc Michel, en 1849, l'a bouleversé. « Il pleure souvent son frère défunt, note l'impératrice, et (sans qu'il en dise rien) il croit qu'il ne lui survivra pas longtemps. » En 1852, c'est l'aîné de ses gendres, le duc de Leuchtenberg, et son ami intime, le prince Volkonski, ministre de la Cour, dont il prend le deuil, avec le sentiment que son tour est proche. La tendresse touchante dont l'entoure sa maîtresse, Varenka Nelidova, ne suffit plus à le réconforter. La santé déclinante de Nicolas inquiète ses proches. Il maigrit, ses cheveux blanchissent, dans son regard habituellement glacé passent maintenant des lueurs d'angoisse. Malgré la poursuite des hostilités, il accepte que Nesselrode conduise des pourparlers avec l'ennemi dans les capitales neutres. Après les premiers revers russes, la France, l'Angleterre, l'Autriche et la Prusse élaborent une formule en quatre points destinée à empêcher l'extension du conflit. Ces quatre points supposent la renonciation de Nicolas à sa « croisade » contre la Turquie et l'abolition de tous les privilèges précédemment acquis par la Russie au Proche-Orient.

Dans un sursaut de fierté, Nicolas voudrait refuser. Pourtant, il se sent acculé à l'expectative. Certes, Sébastopol se comporte héroïquement. Mais les assiégés sont, de toute évidence, incapables de repousser les alliés et de sauver la place. L'armement russe est très inférieur à celui de l'ennemi, qui, grâce aux fusils à canons rayés, peut atteindre sa cible tout en restant hors de portée des balles. L'absence de chemins de fer et le délabrement des routes dans cette partie de l'Empire compromettent le transport des troupes et de l'approvisionnement. Les méthodes de combat, comme celles du ravitaillement en vivres et en munitions, sont les mêmes qu'au début du siècle. Malgré le courage exemplaire de la garnison, la résistance de Sébastopol ressemble à une lente agonie. C'est les larmes aux yeux que Nicolas lit les rapports de ses généraux. En apprenant la prise par ses soldats de quatre redoutes ennemies à Balaklava, il se précipite chez l'impératrice, lui annonce, d'une voix tremblante, ce haut fait d'armes et s'écroule en sanglotant devant les icônes. Mais ce n'est qu'une brève éclaircie. De nouveau, les mauvaises nouvelles affluent. À présent, il s'attend à une attaque fratricide de l'Autriche et de la Prusse sur sa frontière occidentale. Déjà, il songe à organiser la défense du pays en profondeur, au-delà de Moscou, comme en 1812.

En décembre 1854, il proclame dans un manifeste à son peuple : « L'épée dans la main et la croix dans le cœur, nous défendrons le plus sacré des biens terrestres : la sécurité et l'honneur de la patrie. » Et il écrit, vers cette même époque, au général-prince Gortchakov : « Je sais que, lorsque viendra le moment de faire appel à la Russie, elle apparaîtra telle qu'elle était en 1812. » Au vrai, il s'agit là d'une déclaration pompeuse à laquelle il ne croit pas lui-même. Dans son for intérieur, il reconnaît qu'il n'y a rien de commun entre l'invasion des armées napoléoniennes, face à laquelle, jadis, la nation russe s'est dressée dans un bel enthousiasme patriotique, et une guerre provoquée par ses propres prétentions, qui laisse le peuple indifférent et se déroule à la périphérie de l'Empire. À l'annonce de la sanglante défaite d'Inkerman, due à l'imprévoyance du général Dannenberg, un obscur sous-lieutenant de vingt-six ans, Léon Tolstoï, récemment affecté à la défense de Sébastopol, note dans son Journal : « J'ai vu des vieillards qui pleuraient à chaudes larmes, des jeunes gens qui voulaient tuer Dannenberg. La force morale du peuple russe est grande [1] ! » Cette exaltation devant la bravoure et l'abnégation de ses compatriotes, Tolstoï la précise encore dans une lettre du 20 novembre 1854 : « Une compagnie de marins a failli se révolter parce qu'on a voulu la relever à la batterie [prise par eux aux Français] ; ils se trouvaient depuis trente jours sous les bombes. Les soldats arrachent les fusées

1. Léon Tolstoï, *Journal*, 2 novembre 1854.

des bombes. Les femmes apportent de l'eau aux soldats dans les bastions. Nombre d'entre elles sont tuées ou blessées... Dans une brigade, cent cinquante blessés n'ont pas voulu quitter les rangs [...]. Époque admirable ! Je remercie Dieu de m'avoir permis de voir ces gens et de vivre en ce temps glorieux. »

Pendant que Tolstoï chante ainsi la valeur de ses compagnons, le tsar, mis au courant des pertes irréparables infligées aux troupes de Menchikov par les attaques franco-anglaises, reconnaît enfin la gravité de la situation et, obéissant à un revirement subit, accepte les « quatre points » imposés par les alliés. Mais ce n'est déjà plus suffisant. L'ennemi exige de lui une capitulation totale. Chaque jour, Nicolas descend un peu plus bas du piédestal où il s'était hissé. Toute la gloire de son règne lui semble ternie par cette guerre dont il attendait un surcroît de prestige. Pourquoi Dieu permet-il qu'une si longue suite de succès s'achève par une si cruelle déchéance ?

Il étouffe à Gatchina. Entre-temps, la maladie de l'impératrice s'est aggravée. Ne va-t-elle pas le quitter, elle aussi ? Découragé, il veille des heures entières à son chevet, ne se nourrit presque plus, dort à peine. Souvent, les domestiques le surprennent, errant de salle en salle, la démarche raide, le regard fixe, ou se prosternant, les lèvres balbutiantes, dans la chapelle du palais. Il prie pour la guérison de sa femme et pour la victoire de la Russie. Mais ces deux éventualités lui paraissent aussi improbables l'une que l'autre.

« L'aspect de l'empereur vous fend le cœur, note Mlle Tioutcheva. De jour en jour, il devient plus affligé, son visage est soucieux, son regard éteint : il s'est voûté sous le fardeau des soucis. C'est un chêne abattu par la tempête, un chêne qui n'a jamais su plier, et qui saura seulement périr. »

Quand Nicolas se résigne enfin à regagner sa capitale, au début de l'année 1855, son humeur s'assombrit encore. Les nouvelles du front sont toujours aussi mauvaises. Mettant le comble à sa trahison, l'Autriche vient de conclure une alliance avec la France et avec l'Angleterre. Déjà, lorsque François-Joseph avait exigé que la Russie retirât ses troupes derrière le Danube, Nicolas, furieux, avait retourné contre le mur le portrait de l'empereur félon et avait inscrit au dos, de sa propre main, le mot : « Ingrat ! » Cette fois, il n'a pas de termes assez durs pour qualifier celui en qui naguère il voyait un allié naturel.

En janvier 1855, la Sardaigne adhère à la coalition antirusse. Par surcroît de malchance, c'est lord Palmerston, ennemi juré de Nicolas, qui est à présent Premier ministre d'Angleterre. Cet homme-là n'est assurément disposé à aucune concession. Et voici que Menchikov, commandant en chef en Crimée, excédé par ses échecs successifs, offre sa démission. Nicolas le remplace par Michel Gortchakov, tout en sachant que ce changement n'amènera aucune amélioration dans le triste sort de Sébastopol. Là-bas, des soldats meurent par centaines pour une cause perdue d'avance. Les glorieux chefs de la flotte russe, les amiraux Kornilov, Nakhimov, Istomine, ont été tués sur les bastions. Ces cadavres inutiles pèsent sur la conscience de Nicolas. Il est comme asphyxié de remords. Cependant, il ne peut se résoudre à capituler. La grandeur de la Russie exige qu'il poursuive cette lutte désespérée. Après tout, un retournement de situation est toujours possible dans un pays orthodoxe. Dieu n'abandonnera pas la patrie de l'ordre et de la foi. Mais peut-être faut-il qu'il abdique ou qu'il disparaisse pour que le miracle se produise ? Abdiquer reviendrait à déserter son poste. Ce serait faillir à la mission que ses ancêtres lui ont confiée. La mort seule est digne du destin d'un tsar vaincu. Or, il est trop pieux pour songer au suicide. Simplement, il prie le Seigneur de le rappeler à lui au plus tôt, de l'arracher enfin à ce monde où tout lui est hostile. Au besoin, il facilitera cette solution sans toutefois attenter à ses jours.

Sur ce, le comte Kleinmichel, son ami fidèle, lui demande d'assister au mariage de sa fille avec le baron Pilar. Il fait un temps glacial. Tant mieux ! Nicolas décide d'aller à la cérémonie dans son uniforme rouge des gardes à cheval, avec culotte de daim et bas de soie. À l'église, le froid le transit. Le soir, il a des frissons de fièvre, mais il refuse de s'en alarmer et interdit la publication d'un bulletin de santé. De fortes quintes de toux l'empêchent de dormir. Le lendemain, au lieu de s'aliter, il rabroue le médecin qui lui conseille de garder la chambre et annonce qu'il se rendra au manège pour assister à la revue d'un détachement d'infanterie de la Garde prêt à partir pour le front. « Vous avez fait votre devoir, dit-il au docteur Mandt, je vais faire le mien. » Inquiets, le grand-duc héritier et l'impératrice le supplient de se vêtir chaudement, mais il sort sans sa pelisse avec, sur les épaules, une simple capote militaire.

Durant tout le défilé de ses troupes, il transpire abondamment et claque des dents. Cependant, il a encore assez de voix pour haranguer les braves qui vont risquer leur vie en Crimée. « Partez, mes enfants : les aigles impériales guideront vos pas. Mon cœur et mes yeux vous accompagneront dans vos rudes épreuves. Allez ! La Russie et la patrie vous appellent ! » De retour au palais, il est terrassé par une congestion pulmonaire. Couché dans son petit cabinet de travail, il entend, autour de lui, le va-et-vient des courtisans affolés. Il a conscience d'avoir, par son imprudence volontaire, hâté la fin du cauchemar, et il s'en félicite. Comme son état s'aggrave rapidement, il demande au docteur Mandt : « Alors, c'est la mort ? » Le médecin, après quelques hésitations, avoue que la paralysie s'est emparée des poumons et que la situation est désespérée. Au palais, certains chuchotent déjà que le tsar s'est empoisonné avec de la ciguë parce qu'il n'a pu supporter l'affront des défaites russes. Aussitôt, le docteur Mandt oppose un démenti formel à ces propos. On fait venir un prêtre. L'empereur se confesse avec dévotion. Toute sa famille l'entoure. Il bénit sa femme en larmes, ses enfants, ses petits-enfants. Puis il demande au grand-duc héritier de prendre congé, en son nom, de la Garde et surtout des héroïques défenseurs de Sébastopol. « Dis-leur que, dans l'autre monde, je continuerai de prier pour eux. Je me suis toujours efforcé de travailler pour le bien. Si cela n'a pas réussi, ce n'est pas par manque de bonne volonté, mais par manque de connaissance et de savoir-faire. Je les prie de me pardonner. »

À cinq heures du matin, il dicte encore un télégramme d'adieu à Moscou, l'ancienne capitale, un autre à Varsovie, un troisième au roi de Prusse. Sans doute, en ces minutes ultimes, se remémore-t-il, pêle-mêle, les grands événements de sa vie. La révolte des Décembristes, les réformes autoritaires, les intrigues de chancelleries, les conflits armés, la répression en Pologne, la conquête du Caucase, la guerre de Crimée enfin. Que restera-t-il de tout cela ? Comment la postérité jugera-t-elle son œuvre ? Ne va-t-on pas lui reprocher, plus tard, d'avoir voulu trop étreindre et d'avoir tout perdu ? Ne gardera-t-on pas de lui le seul et injuste surnom de *Nicolaï Palkine*, le tsar « bastonneur » ? L'idée de sa faillite devant l'Histoire le hante. Qui le regrettera ? Sa femme, ses enfants, quelques familiers, Varenka Nelidova... Mais le peuple ?... Il a isolé la Russie et il s'est isolé des Russes. Comme on lui apporte des dépêches de Sébastopol, il murmure : « Ces choses-là ne me concernent plus. Qu'on remette les dépêches à mon fils. »

À ce moment, Varenka Nelidova apparaît, le visage défait, dans le vestibule. Les courtisans les plus endurcis sont touchés par sa pâleur de marbre et l'expression égarée de ses yeux. En passant, elle saisit la main de Mlle Tioutcheva et dit d'une voix rauque : « Une belle nuit, mademoiselle Tioutcheva, une belle nuit ! » « On voyait qu'elle ne comprenait pas le sens de ses paroles et que la folie du désespoir s'était emparée de sa pauvre tête, écrit Mlle Tioutcheva. Ce fut seulement alors, en la voyant, que je compris le sens des bruits indéterminés qui circulaient dans le palais au sujet des rapports existant entre l'empereur et cette belle femme, rapports qui, surtout pour nous, jeunes filles, étaient recouverts extérieurement par les convenances les plus sévères et le secret le plus complet. »

L'aube du 18 février 1855 [1] se lève sur la capitale enneigée. Dans le vestibule, les courtisans parlent à voix basse. Ils sont seuls à savoir que l'empereur est sur le point de mourir. La nouvelle n'a pas encore été divulguée dans le pays. La respiration de Nicolas se fait de plus en plus oppressée et sifflante. Il parvient à articuler, le regard levé sur le docteur Mandt : « Si c'est le commencement de la fin, c'est très pénible. Je ne croyais pas qu'il serait aussi difficile de mourir. Quand me donnerez-vous mon congé ? » Bouleversée de pitié, l'impératrice veut témoigner une indulgence chrétienne à sa rivale et dit à Nicolas que Varenka aimerait le saluer une dernière fois : « Non, balbutie-t-il. Je ne dois plus la voir. Tu lui diras que je la prie de me pardonner et que j'ai prié pour

1. Le 2 mars 1855 selon le calendrier grégorien.

elle [1]. » À huit heures vingt du matin, l'aumônier lit la prière des agonisants. Exténué, la bouche haletante, l'empereur se signe à plusieurs reprises. Incapable de parler, il regarde tour à tour sa femme et son fils Alexandre avec, dans les yeux, une lueur d'amour et de détresse. Enfin, rassemblant ses forces, il se tourne vers le grand-duc héritier et dit dans un souffle : « Tiens tout, tiens tout ! » En même temps, ses doigts se crispent comme pour indiquer à son successeur qu'il devra rassembler dans une poigne de fer l'héritage sacré des ancêtres. À midi vingt, il rend le dernier soupir.

Les portes de l'appartement s'ouvrent à deux battants. Les familiers du couple impérial pénètrent dans la pièce. Nicolas est couché sur un lit de fer. Un coussin de cuir vert a été glissé sous sa tête. Ses mains sont croisées sur sa poitrine. Son visage, entouré d'un bandeau blanc, a une expression de majesté tranquille. Son corps est recouvert d'une simple capote de soldat. C'est un combattant qui vient de tomber face à l'ennemi.

Mais le soir, pour la prière des morts, le protocole reprend ses droits. Le cadavre est revêtu de l'uniforme des chevaliers-gardes. Sa figure, débarrassée de son horrible mentonnière, a des reflets de plomb.

Quelques jours plus tard, par un temps de soleil et de neige, le cortège funèbre se dirige vers la forteresse Saint-Pierre-et-Saint-Paul. Les troupes, massées tout le long du parcours, rendent les hon-

1. Jocelyne Fenner, *op. cit.*

neurs. Les cloches sonnent. La musique militaire joue un air lent et lugubre. Le menu peuple suit la procession en rangs serrés. Dans la cathédrale de la forteresse, le cercueil découvert, selon l'usage russe, est placé sur un catafalque tendu de velours rouge et surmonté d'un baldaquin de brocart d'argent orné d'hermine. Dès le lendemain, la foule est admise à défiler devant le défunt. Il repose là, dans sa caisse, les yeux clos, le visage fardé. On l'a inondé de parfum pour combattre l'odeur de la décomposition. Mais elle persiste, suffocante.

Les obsèques n'ont lieu que le 6 mars 1855. Pendant le service, l'impératrice Alexandra se tient sur l'estrade, près du cercueil. Blême, les yeux brûlés de larmes, elle lutte à la fois contre la fatigue et le chagrin. Au moment du dernier adieu, elle se penche sur le corps de son époux et l'embrasse longuement. Puis elle s'assied à son chevet et assiste au défilé de ses enfants devant la dépouille de leur père. À tour de rôle, ils s'inclinent vers leur mère et elle les bénit.

C'est le nouvel empereur Alexandre II et ses frères qui, soulevant sur leurs épaules le cercueil enfin refermé, le portent jusqu'au tombeau. Des salves d'artillerie ébranlent les murs de la cathédrale, tandis que l'ancien maître de la Russie est descendu dans son caveau. Mais déjà toutes les pensées se portent vers le tsar Alexandre II. Âgé de trente-sept ans, il a la réputation d'être un homme tolérant, pondéré, généreux, mais quelque peu indécis. Va-t-il poursuivre cette guerre absurde ? Maintiendra-t-il à l'intérieur le système autoritaire qui a écrasé la Russie pendant les trente ans du règne de Nicolas ? Saura-t-il se libérer de l'ombre de son père ? Conscient de l'énorme responsabilité qui vient de lui échoir, Alexandre est glacé devant le gouffre de l'avenir. En quittant la forteresse Saint-Pierre-et-Saint-Paul, il regrette le temps où il n'était que le grand-duc héritier de Russie. Derrière lui, la foule silencieuse s'avance à petits pas. Enfermé entre quatre planches, le colosse qui domina pendant si longtemps la Russie et l'Europe n'effraie plus personne.

ÉPILOGUE

Au lendemain de la mort de Nicolas Ier, un étrange rapprochement sentimental s'opère entre les deux femmes qui l'ont aimé : la veuve officielle et la veuve illégitime. L'impératrice Alexandra Fedorovna, rongée par la tuberculose, cherche un réconfort mélancolique auprès de l'ancienne maîtresse de son mari. Tant de souvenirs communs les lient qu'elles ne se lassent pas de savourer la vénéneuse douceur de ces confidences entrecroisées. Le premier mouvement de Varenka Nelidova, après la disparition du tsar, a été de fuir le palais d'Hiver pour se soustraire à la curiosité malsaine des courtisans. Mais l'impératrice l'a priée de rester auprès d'elle et lui a même proposé d'être sa lectrice. Cette fonction, que Varenka accepte avec une humilité émue, resserre l'intimité entre les deux femmes. Même absent, le tsar Nicolas Ier veille sur leur bonne entente. Quel charme lui trouvent-elles donc rétrospectivement pour cultiver côte à côte, dans l'ombre, leur gratitude à son égard ? Selon toute vraisemblance, cet homme à l'abord glacial, aux idées étroites et à la volonté inébranlable, les a séduites par l'honnêteté de ses convictions. Il ne leur a jamais menti ni à l'une ni à l'autre, pas plus qu'à ses sujets. Né autocrate, il a voulu l'être, aveuglément, impitoyablement, dans sa vie publique, en dépit de quelques écarts adventices, et dans sa vie privée, malgré de furtives galanteries de divertissement. Le sacre qu'il a reçu, un certain jour d'août 1826, en la cathédrale de l'Assomption, à Moscou, a fini par le convaincre qu'il n'appartenait pas à la même espèce que le commun des mortels, qu'il incarnait le principe dynastique sur lequel reposaient le bonheur et la splendeur de la Russie. N'étant pas maître de sa condition exceptionnelle, il n'était pas davantage responsable de ses actes que Dieu ne l'était des conséquences de la création du monde. Pour le peuple, pensait-il, la soumission à la loi divine et l'obéissance à l'autorité impériale relevaient de la même foi. Croire en la toute-puissance de Sa Majesté, c'était encore la meilleure façon de s'assurer la bienveillance du Très-Haut. Néanmoins, de temps à autre, ce surhomme savait redevenir un homme. Ces instants d'abandon, Alexandra comme Varenka se les rappellent avec pudeur et nostalgie. Sans doute, comparant leurs expériences réciproques, ont-elles l'impression inavouable d'avoir bénéficié d'une sorte de miracle païen !

Cependant, de mois en mois, la maladie de l'impératrice s'aggrave. Elle traîne ainsi, épuisée et à demi consciente, durant cinq années encore.

En 1860, vers le milieu de l'automne, comme elle est sur le point de succomber à la déperdition de ses forces, le prêtre qui l'assiste dans ses derniers moments lui demande si elle pardonne chrétiennement à ceux dont elle et son époux ont eu à se plaindre dans le passé. Dominant sa lassitude, elle répond : « Oui, je pardonne à tout le monde, sauf à l'empereur d'Autriche ! » La nuit qui précède sa mort on l'entend murmurer encore, les yeux ouverts sur une vision consolante : « Nicks, je vais vers toi ! » Elle s'éteint, le 20 octobre 1860, à soixante-deux ans.

À la disparition de celle dont elle avait cessé d'être la rivale pour en devenir l'amie, Varenka Nelidova, accablée, désabusée, se cloître loin de tous, dans le modeste appartement qu'elle a pu conserver au palais d'Hiver. Elle a fait savoir autour d'elle qu'elle tenait par-dessus tout à préserver sa solitude. Cependant, le nouveau tsar Alexandre II, et, plus tard, le tsar Alexandre III lui rendront visite, de temps à autre, avec une sympathie déférente. Ce ne sont certes pas des conseils politiques qu'ils viennent chercher auprès d'elle. Tout au plus, le souvenir d'un père pour le premier, d'un grand-père pour le second, qu'elle a sans doute connu mieux que personne.

Varenka Nelidova, après avoir survécu à son impérial amant, enterrera successivement le fils et le petit-fils de celui-ci. Vieille et fatiguée, elle apprendra, le 1er mai 1896, que l'arrière-petit-fils de son cher Nicolas Ier a été, à son tour, couronné empereur, à vingt-huit ans, en la même cathédrale de l'Assomption que son père, son grand-père et son arrière-grand-père. L'année suivante, en octobre 1897, quand elle rendra le dernier soupir, ses rares amis pleureront en elle le témoin attentif et discret de trois grands règnes et des débuts du quatrième. Elle emportera dans la tombe l'illusion de la glorieuse pérennité de la dynastie des Romanov. Comment aurait-elle pu supposer que Nicolas II, dont tout le pays vient de célébrer l'avènement avec une solenelle gaieté, serait chassé, vingt ans après, par la fureur populaire et qu'il n'y aurait plus jamais de tsar en Russie ?

BIBLIOGRAPHIE

CUSTINE (marquis de), *La Russie de 1839*, Paris, 1843.

DAUDET (E.), *Soixante Années du règne des Romanov. Nicolas Ier et Alexandre II*, Paris, 1890.

FENNER (Jocelyne), *Nicolas Ier, tsar de toutes les Russies*, Paris, 1995.

GALLET DE KULTURE, *Le Tsar Nicolas et la Sainte Russie*, Paris, 1855.

GOLOVINE, *La Russie sous Nicolas Ier*, Paris, 1862.

GRÜNWALD (Constantin de), *La Vie de Nicolas Ier*, Paris, 1946.

— *Trois Siècles de diplomatie russe*, Paris, 1945.

HERZEN (A.), *Passé et méditations*, 4 tomes, 1974.

LACROIX (P.), *Histoire de la vie et du règne de Nicolas Ier*, Paris, 1864.

MILIOUKOV, SEIGNOBOS ET EISENMANN, *Histoire de la Russie*, Paris, 1932.

SCHILDER (N.K.), *L'Empereur Nicolas Ier* (en russe), 2 vol., Saint-Pétersbourg, 1903.

SCHNITZLER (J.H.), *Histoire intime de la Russie : les empereurs Alexandre et Nicolas*, Paris, 1854.

TARLE (E.V.), *La Guerre de Crimée* (en russe), 2 vol., Moscou-Leningrad, 1944.

TCHOULKOV (G.), *Les Derniers Tsars autocrates*, Paris, Payot, 1928.
TIOUTCHEVA (A.F.), *À la cour de deux empereurs* (en russe), Moscou, 1928.
TROYAT (H.), *Alexandre Ier*, Paris, Flammarion, 1980.
— *Alexandre II*, Paris, Flammarion, 1990.

LES HOLSTEIN-ROMANOV

Pierre III, Charles-Pierre-Ulric, duc d'Holstein (1728-1762)
Fils d'Anne de Russie, ép. Sophie d'Anhalt (Catherine II)
née en 1729, morte en 1796, impératrice de 1761 à 1796

Paul Ier (1754-1801), empereur de 1796 à 1801
ép. 1) en 1773 Wilhelmine de Hesse (1755-1776)
2) Sophie de Wurtemberg (1759-1828)

Du second mariage, entre autres :

- **Alexandre Ier** (1777-1825) Empereur de 1801 à 1825 ép. 1) en 1793 Louise de Bade (1776-1826)
- **Constantin** (1779-1831) Renonce au trône en 1825 ép. 1) Julie de Saxe-Cobourg 2) princesse de Lowicz
- **Nicolas Ier** (1796-1855) Empereur de 1825 à 1855 ép. en 1817 Charlotte de Prusse
- **Michel** (1798-1849) ép. en 1824 Hélène de Wurtemberg (1807-1873)

Enfants de Nicolas Ier — Entre autres enfants :

- **Alexandre II** (1818-1881) Empereur de 1855 à 1881 ép. en 1841 Marie de Hesse (1824-1880) puis en 1880 (morganatiquement) la princesse Dolgoroukov
- **Michel** (1832-1909) ép. princesse Cécile de Bade (1839-1891)

Enfants d'Alexandre II :

- **Alexandre III** (1845-1894) Empereur de 1881 à 1894 ép. en 1866 princesse Dagmar de Danemark (1847-1928)
- **Vladimir** (1847-1909) ép. en 1874 Marie de Mecklembourg
  - **Cyrille** (1876-1938) Devient en 1918 Chef de la Maison impériale ép. Victoria de Grande-Bretagne (1876-1936)
    - **Vladimir** né en 1917 Chef de la Maison impériale ép. en 1948 la princesse Léonide de Bagration née en 1914

Enfants d'Alexandre III :

- **Nicolas II** (1868-1918) ép. en 1894 Alix de Hesse
- **Xénia** ép. 1894 Grand-duc Alexandre (1866-1933)
- **Michel** (1878-1918) ép. Nathalie Chérémetiev (1880-1952)
- **Olga** née en 1882 ép. le prince d'Oldenbourg

Enfants de Nicolas II :

- **Olga** (1896-1918)
- **Tatiana** (1897-1918)
- **Marie** (1899-1918)
- **Anastasie** (1901-1918)
- **Alexis Tsarévitch** (1904-1918)

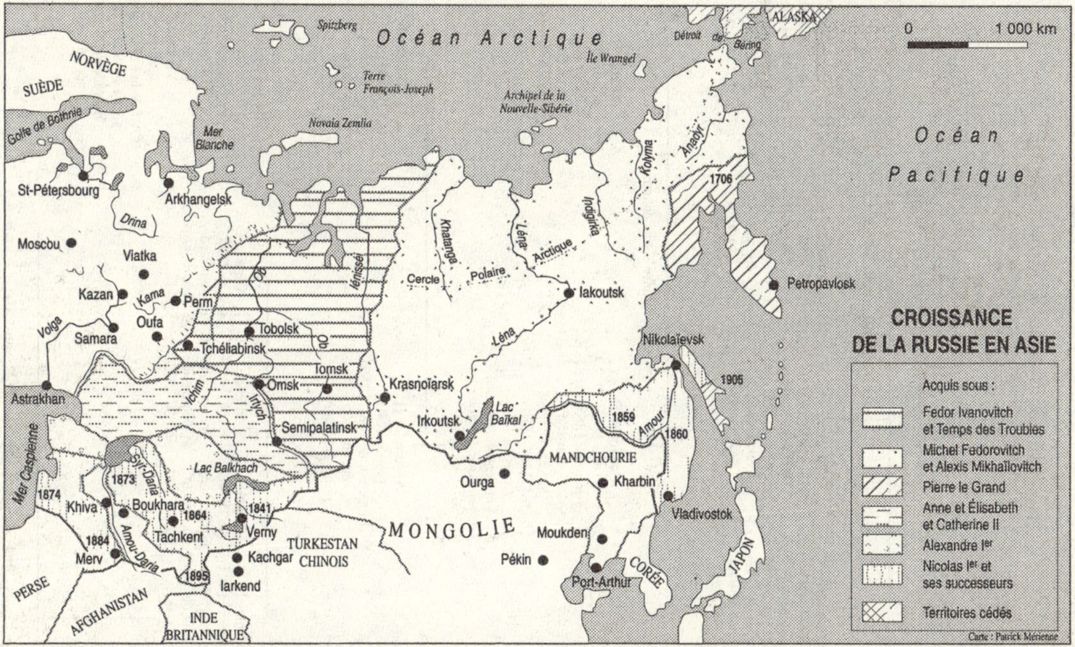
CROISSANCE
DE LA RUSSIE EN ASIE
Acquis sous :
Fedor Ivanovitch et Temps des Troubles
Michel Fedorovitch et Alexis Mikhaïlovitch
Pierre le Grand
Anne et Élisabeth et Catherine II
Alexandre Ier
Nicolas Ier et ses successeurs
Territoires cédés
0
1 000 km
Océan Arctique
Océan Pacifique
Spitzberg
Terre François-Joseph
Novaia Zemlia
Archipel de la Nouvelle-Sibérie
Île Wrangel
Détroit de Béring
ALASKA
NORVÈGE
SUÈDE
Golfe de Bothnie
Mer Blanche
St-Pétersbourg
Arkhangelsk
Drina
Moscou
Viatka
Kazan
Kama
Perm
Volga
Samara
Oufa
Tobolsk
Tchéliabinsk
Ob
Iénisseï
Tomsk
Omsk
Ichim
Irtych
Semipalatinsk
Astrakhan
Mer Caspienne
Krasnoïarsk
Khatanga
Cercle Polaire Arctique
Léna
Indigirka
Kolyma
Anadyr
1706
Iakoutsk
Petropavlosk
Nikolaïevsk
1905
Lac Baïkal
Irkoutsk
1859
Amour
1860
MANDCHOURIE
Ourga
Kharbin
Vladivostok
Syr-Daria
1873
Lac Balkhach
1874
Khiva
Boukhara
1864
Tachkent
1841
Verny
1884
Amou-Daria
Merv
1895
Kachgar
Iarkend
TURKESTAN CHINOIS
MONGOLIE
Moukden
Pékin
Port-Arthur
CORÉE
JAPON
PERSE
AFGHANISTAN
INDE BRITANNIQUE
Carte : Patrick Mérienne

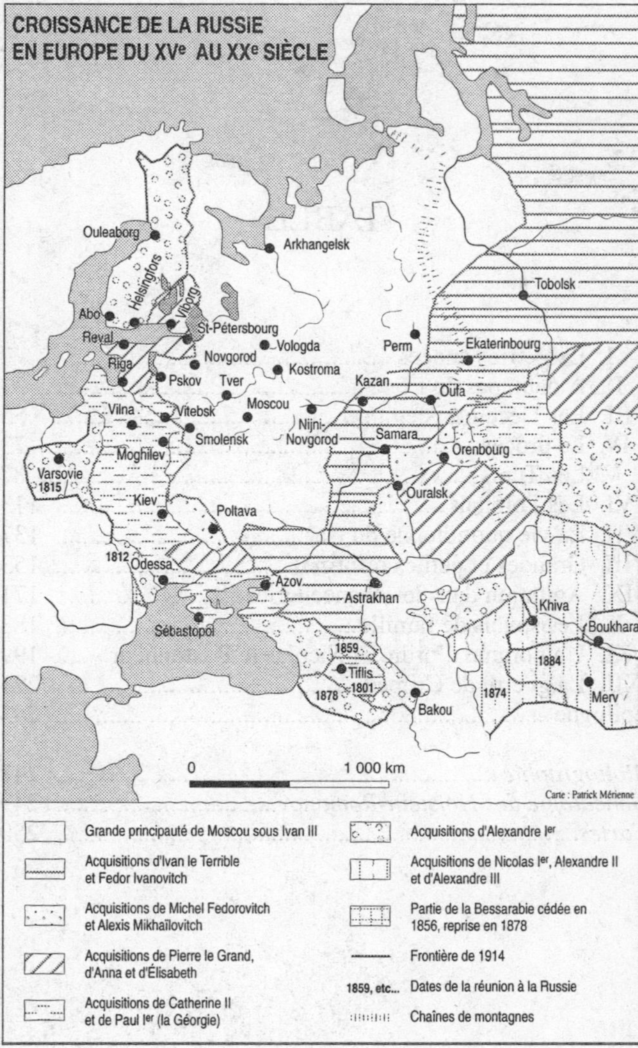
CROISSANCE DE LA RUSSIE
EN EUROPE DU XVe AU XXe SIÈCLE
Ouleaborg
Arkhangelsk
Helsingfors
Viborg
Abo
St-Pétersbourg
Reval
Vologda
Riga
Novgorod
Kostroma
Pskov
Tver
Kazan
Moscou
Vilna
Vitebsk
Smolensk
Nijni-Novgorod
Moghilev
Varsovie
1815
Kiev
Poltava
1812
Odessa
Azov
Astrakhan
Sébastopol
1859
Tiflis
1878
1801
Bakou
Tobolsk
Perm
Ekaterinbourg
Oufa
Samara
Orenbourg
Ouralsk
Khiva
Boukhara
1884
1874
Merv
0
1 000 km
Carte : Patrick Mérienne
Grande principauté de Moscou sous Ivan III
Acquisitions d'Ivan le Terrible et Fedor Ivanovitch
Acquisitions de Michel Fedorovitch et Alexis Mikhaïlovitch
Acquisitions de Pierre le Grand, d'Anna et d'Élisabeth
Acquisitions de Catherine II et de Paul Ier (la Géorgie)
Acquisitions d'Alexandre Ier
Acquisitions de Nicolas Ier, Alexandre II et d'Alexandre III
Partie de la Bessarabie cédée en 1856, reprise en 1878
Frontière de 1914
1859, etc... Dates de la réunion à la Russie
Chaînes de montagnes

TABLE